Das Wirken in den Dingen

Fröhliche Wissenschaft 057

Jean François Billeter

Das Wirken in den Dingen

Vier Vorlesungen über das Zhuangzi

Aus dem Französischen von Thomas Fritz

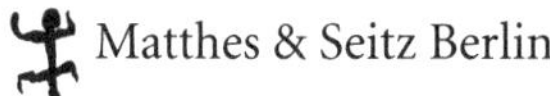
Matthes & Seitz Berlin

Vorbemerkung

Die vier Kapitel dieses Buches waren ursprünglich Vorlesungen, die auf Einladung von Professor Pierre-Étienne Will im Herbst 2000 am Collège de France gehalten wurden. Ich fasste darin einige der Ergebnisse zusammen, zu denen mich meine Beschäftigung mit Zhuangzi nach der Aufgabe meines Lehrstuhls an der Universität Genf geführt hatte.

Zhuangzi gehört zu den großen Philosophen des chinesischen Altertums. Er ist um das Jahr 280 vor unserer Zeitrechnung gestorben. Das Buch, in dem seine Schriften und andere, spätere Texte versammelt sind, trägt keinen Titel; man nennt es das *Zhuangzi*.

Dieses außerordentliche Werk ist von westlichen Sinologen nur wenig studiert worden. Das liegt meines Erachtens daran, dass eine zweifache Kritik geleistet werden muss, um den Zugang zu ihm zu finden. Wir müssen uns einer Anzahl überkommener Vorstellungen über das »chinesische Denken« entledigen und gleichzeitig gewisse Auffassungen in Frage stellen, die zu den grundlegendsten unserer eigenen Geisteswelt gehören.

Zu den vorhandenen Übersetzungen möchte ich mich sehr knapp äußern. Ich halte die von Burton Watson, *The Complete Work of Chuang Tzu* (New York: Columbia University Press, 1968) nach wie vor für die beste. Eine kritische und kommentierte Übersetzung, die heutigen Ansprüchen genügen würde, wie man sie etwa in der Hellenistik kennt, fehlt und wird noch lange ausstehen.

In den Verweisen auf den Originaltext bezieht sich die erste Zahl auf das Kapitel (das *Zhuangzi* ist, auf sehr problematische Weise, in 33 Kapitel oder »Bücher« eingeteilt), der Buchstabe auf einen Teil des Kapitels und die letzten Ziffern auf die Zeilen, wie sie in *A Concordance to Chuang Tzu* (Peking: Harvard-Yenching Institute, 1947, nachgedruckt durch Cheng Wen, Taipei, 1965) nummeriert sind. Für Sinologen ist dies das sicherste Mittel, die Textstelle zu finden. Auf weitere sinologische Hinweise wurde in diesem Rahmen weitgehend verzichtet.

Ich benutze hier die Pinyin-Umschrift, die in der Volksrepublik China festgelegt wurde und zunehmend auch außerhalb Chinas gebraucht wird, aber den Nicht-Sinologen Schwierigkeiten bereitet. Im Anhang sind die im Text zitierten chinesischen Namen, Wörter und Ausdrücke in chinesischen Schriftzeichen wiedergegeben.

Es sei angefügt, dass den hier übersetzten *Leçons sur Tchouang-tseu* (Paris: Allia, 2002) eine Sammlung von Einzelstudien folgte: *Études sur*

Tchouang-tseu (Paris: Allia, 2004). Die chinesische Übersetzung der *Leçons* (Peking: Zhonghua shuju, 2009) war Anlass eines Kolloquiums an der Academia Sinica in Taipei, das zu einer kritischen Bilanz und neuen Fragen führte, zusammegefasst in *Notes sur Tchouang-tseu et la philosophie* (Paris: Allia, 2010), das wiederum ins Chinesische übersetzt wurde (Taipei: Academia Sinica, 2012, in *Newsletter of the Institute of Chinese Literature and Philosophy*, Vol. 22, No. 3). Die chinesische Übersetzung der *Leçons* erschien auch in Taiwan (Taipei: Linking Books, 2011).

Das Wirken in den Dingen

Es gibt verschiedene Arten, das *Zhuangzi* zu lesen, aber für mich grundsätzlich nur eine richtige. Sie versucht sicher und genau den Sinn zu erfassen, den der Autor zum Ausdruck bringen wollte. Ich suche mich dieser Lektüre anzunähern, weil sie die interessanteste zu sein verspricht, aber auch, weil mir dieses anfängliche Postulat unter methodischen Gesichtspunkten notwendig erscheint. Wenn die Forscher nicht auf ein solches Ziel hinarbeiten, sehe ich nicht, wie ihre Bemühungen zusammenkommen und gemeinsam zu einem angemessenen Verständnis des Textes führen können.

Ich wende mich damit gegen ein stillschweigendes Abkommen, das unter den Sinologen zu gelten scheint: Der Text sei so schwierig, seine Textgestalt so problematisch und das Denken, das sich darin ausdrückt, so fern von dem unseren, dass es naiv oder vermessen wäre, ihn genau verstehen zu wollen. In China selbst seien im Laufe der Jahrhunderte so viele Glossen, Kommentare und Interpretationen hinzugefügt worden, und oft von solcher Dunkelheit, dass die Hindernisse unüberwindbar geworden seien. Man verständigt sich umso lieber darauf, als es sich dann erübrigt, den Text aufmerksam zu studieren, und man sich damit begnügen kann, alte Gemeinplätze zu wiederholen oder ihn nach eigenem Gutdünken zu interpretieren, ohne Gefahr zu laufen, auf Widerspruch zu stoßen.

Ich möchte mit diesem Abkommen brechen – nicht, um dem Leser eine bestimmte Lektüre aufzudrängen, sondern um ihm zu zeigen, wie ich bei meinem Versuch, das *Zhuangzi* zu verstehen, vorgegangen bin, und um ihm einige Ergebnisse vorzulegen, die ich für gesichert halte; aber auch, um meine Zweifel und Fragen festzuhalten. Ich möchte ihm zeigen, welche Entdeckungen man macht, wenn man den Text in aller Strenge und mit großer Offenheit studiert.

Meine Arbeit hat folgendermaßen begonnen: Über Jahre habe ich einzelne Teile des *Zhuangzi* übersetzt, weil ich daran Freude hatte und die Übersetzungen mit einem philosophisch gebildeten Freund besprechen konnte. Während ich zeitweilig daran arbeitete, wurde mir mehr und mehr deutlich, wie sehr das Original nicht nur den vorhandenen Übersetzungen, sondern auch den Interpretationen der westlichen Sinologen und selbst der chinesischen Literaten überlegen war. Ein wachsendes Interesse für den Text ging mit einem zunehmenden Misstrauen gegen diese gesamte Sekundärliteratur einher. Je mehr ich das Werk selbst verstand oder es wenigstens stellenweise zu verstehen begann, desto deutlicher wurde mir das Unverständnis, dem es selbst in China schon seit alter Zeit ausgesetzt war. Schließlich fand ich mich nicht vor einem, sondern vor zwei großen Forschungsgegenständen: dem *Zhuangzi* als solchem und der Geschichte der Verharmlosungen, Aneignungen und Verdrehungen, die im Laufe der Jahrhunderte an diesem Werk verübt worden sind.

Ich füge hinzu, dass meine Arbeit nie eine solche Wendung genommen hätte, wenn ich nicht mit dem Übersetzen angefangen und es stets zu meinem Hauptanliegen gemacht hätte. Keine andere Methode nämlich, keine andere intellektuelle Disziplin zwingt so rigoros und vollkommen, auf alle Eigenschaften eines Textes zu achten, unter Einbeziehung von Gliederung, Rhythmus und Ton – Eigenheiten, die ihm gemeinsam seinen Sinn verleihen. Dieses kritische Hin und Her zwischen dem Original und der Folge seiner französischen Fassungen ist unentbehrlich. Ich bin überzeugt, dass eine Interpretation, die nicht einer solchen Übersetzungsarbeit entspringt, notwendigerweise subjektiv und willkürlich ist.

Im Großen und Ganzen scheinen die westlichen Exegeten und Übersetzer, die sich bisher mit dem *Zhuangzi* beschäftigt haben, auf vier verschiedene Arten vorgegangen zu sein: Am häufigsten sind sie der traditionellen chinesischen Exegese gefolgt. Manche haben versucht, diese Exegese durch Rückgriffe auf die Ideen- und Religionsgeschichte des alten China zu präzisieren oder zu erneuern. Andere haben sich dem philologischen Studium des Textes gewidmet und sich im Allgemeinen an Fragen der Überlieferung, der Herkunft und der Authentizität gehalten. Wieder andere haben versucht, gewisse Motive des *Zhuangzi* mit Ideen westlicher, meist zeitgenössischer Philosophen in Beziehung zu setzen.

Diese Ansätze schienen mir zum Teil nützlich, aber insgesamt unbefriedigend. Andere Möglichkeiten sah ich nicht, bis mir eines Tages Folgendes einfiel: Das *Zhuangzi*, sagte ich mir, ist kein gewöhnlicher Text. Es ist, wenigstens zu Teilen, das Werk eines Philosophen, das heißt eines Menschen, der selbstständig denkt und seine Erfahrung von sich, den Menschen und der Welt zum Gegenstand seines Denkens macht; der beachtet, was andere Philosophen denken oder vor ihm gedacht haben; der sich der Fallen der Sprache bewusst ist und von ihr einen kritischen Gebrauch macht.

Damit eröffnete sich eine neue Perspektive. Da ich selbst einen Hang zur so verstandenen philosophischen Tätigkeit hatte, waren wir uns in gewissem Sinne ebenbürtig. Wenn er selbstständig dachte und dabei seine eigene Erfahrung zum Gegenstand nahm, so musste ich einen Zugang zu ihm finden, wenn ich dasselbe tat – denn seine und meine Erfahrungen mussten sich wenigstens zum Teil decken. Dies ist zum ersten Grundsatz meiner Methode geworden. Wenn ich einen Text des *Zhuangzi* angehe, dann frage ich zuerst nicht nach der Idee, die der Autor entwickelt, sondern danach, von welcher besonderen Erfahrung oder welchem Aspekt der gemeinsamen Erfahrung er spricht.

Den zweiten Grundsatz meiner Methode habe ich bei Wittgenstein gefunden, genauer in der folgenden Bemerkung: »Hier stoßen wir auf eine merkwürdige und charakteristische Erscheinung in philosophischen Untersuchungen«, schreibt er in seinem *Zettel*. »Die Schwierigkeit – könnte ich sagen – ist nicht, die Lösung zu finden, sondern, etwas als die Lösung anzuerkennen, was aussieht, als wäre es erst eine Vorstufe zu ihr [...] Das hängt, glaube ich, damit zusammen, dass wir fälschlich eine Erklärung erwarten; während eine Beschreibung die Lösung der Schwierigkeit ist, wenn wir sie richtig in unsere Betrachtung einordnen. Wenn wir bei ihr verweilen, nicht versuchen, über sie hinauszukommen. Die Schwierigkeit ist hier: Halt zu machen.«[1] Wittgenstein hat diese Bemerkung auf verschiedene Weise und an verschiedenen Stellen seines Werks wiederholt. In seinem letzten Manuskript nimmt er sie in folgender Form wieder auf: »Einmal muss man von der Erklärung auf die bloße Beschreibung kommen.«[2] In seinem späteren Werk widmet er sich in der Tat einer geduldigen, unermüdlich wiederholten Beschreibung gewisser ganz grundlegender Erscheinungen. Dies macht seine Aufzeichnungen so eigenartig. Er beobachtet mit außerordentlicher Aufmerksamkeit, was ich das unendlich Nahe und fast Unmittelbare nennen möchte.

Ich bemerkte, dass Zhuangzi in gewissen Texten, die mir vertraut waren, auf seine Weise dasselbe tat. Ich hatte angenommen, dass er ein Philosoph war, also selbstständig dachte und von seiner eigenen Erfahrung ausging. Ich entdeckte jetzt, dass er sie beschrieb und dass seine Beschreibungen sehr präzise und von großem Interesse waren. Es waren Beschreibungen des unendlich Nahen und fast Unmittelbaren. Ich konnte mich auf sie stützen, um wichtige Elemente seines Denkens zu verstehen, und war in der Lage, davon ausgehend nach und nach andere, mir noch unverständliche Teile seiner Schriften zu erschließen.

Man muss bei der Beschreibung stehen bleiben, sagt Wittgenstein. Das bedeutet zweierlei: Dass wir unsere üblichen Geschäfte einstellen müssen, um aufmerksam zu beobachten, was wir vor Augen haben oder was sogar noch näher bei uns liegt. Und dass wir dann genau beschreiben müssen, was wir sehen, und uns die Zeit nehmen, dafür die richtigen Worte zu finden. Um genau wiederzugeben, was wir wahrnehmen, und nichts als das, müssen wir den Verführungen der Sprache widerstehen und ihr im Gegenteil unseren Willen aufzwingen, was uns nur gelingen kann, wenn wir sie vollkommen beherrschen. Es ist kein Zufall, dass Wittgenstein und Zhuangzi, jeder auf seine eigene unverwechselbare Art, so bemerkenswert gut schreiben.

Hier nun das erste Beispiel einer Beschreibung, wie man sie im *Zhuangzi* findet. Es stammt aus einem bekannten Dialog des Buches 3. Ein Zeitgenosse Zhuangzis, der Prinz Wenhui, von 369 bis 319 Herrscher des Staates Wei, spricht zu einem seiner Köche – einer von Zhuangzi erfundenen Figur:

> Der Koch Ding zerlegte ein Rind für den Prinzen Wenhui. Man vernahm ein leises *hua*, wenn er das Tier mit der Hand ergriff, dessen Masse mit der Schulter aufhielt und mit Knie und gestemmtem Bein zum Stillstand brachte. Man hörte ein leises *huo*, wenn sein Messer regelmässig zuschlug, als führte er einen antiken Tanz auf, als folgte er dem Rhythmus einer Hymne aus alter Zeit. – Wie wunderbar! rief der Prinz aus; eine solche Gewandtheit hätte ich nie für möglich gehalten!
>
> Der Koch legte sein Messer nieder und antwortete: Was Ihren Diener interessiert, ist das Wirken in den Dingen, nicht nur die Technik. Als ich meinen Beruf auszuüben begann, sah ich das ganze Rind vor mir. Drei Jahre später sah ich nur mehr Teile davon. Heute treffe ich es mit dem Geiste, ohne es mehr mit meinen Augen zu sehen. Meine Sinne spielen keine Rolle mehr, mein Geist verfährt souverän und folgt von selbst der Gliederung des Rindes.

> Wenn die Klinge teilt und trennt, so folgt sie den Spalten und Rissen, auf die sie stößt. Sie rührt weder an die Adern, noch an die Sehnen, noch an die Knochenhaut und natürlich auch nicht an den Knochen selbst. (…) Wenn ich auf ein Gelenk stoße, suche ich die schwierige Stelle, richte den Blick darauf und trenne es mit äußerster Vorsicht langsam auf. Unter dem feinen Schnitt der Klinge lösen sich die Teile mit einem leichten Geräusch, als ließe man etwas Erde auf den Boden rieseln. Mein Messer in der Hand richte ich mich alsdann auf, blicke um mich, vergnügt und zufrieden, und stecke die Klinge, nachdem ich sie gereinigt habe, in die Scheide zurück.[3]

Ich habe nur einen Teil des Textes zitiert, weil mich zunächst die kurze Beschreibung interessiert, die der Koch von den Etappen seines Lernprozesses gibt.

Als er anfing, seinen Beruf auszuüben, so erklärt er dem Prinzen, sah er »das ganze Rind« vor sich. Er fühlte sich dem Objekt gegenüber machtlos, das ihm mit seiner ganzen Masse entgegenstand. Dann wandelte sich dieses anfängliche Gegenüber von Objekt und Subjekt. Nach drei Jahren der Übung sah er »nur mehr einzelne Teile« des Rindes – die, deren Zerteilung eine besondere Aufmerksamkeit erfordert. Er war geschickter geworden, hatte angefangen den Widerstand des

Objekts zu überwinden und war sich nunmehr weniger des Objekts als seiner eigenen Handlung bewusst. Endlich veränderte sich das Verhältnis ganz: Heute, so sagt er dem Prinzen, »treffe ich das Rind mit dem Geist, ohne es mehr mit meinen Augen zu sehen. Meine Sinne spielen keine Rolle mehr, mein Geist verfährt souverän und folgt von selbst der Gliederung des Rindes.« Seine Gewandtheit und Erfahrung sind nun solcher Art, dass das Rind keinen Widerstand mehr bietet und damit für ihn nicht mehr als Objekt existiert. Diese Aufhebung des Objekts geht mit jener des Subjekts einher. Der Koch geht so vollkommen in seiner Handlung auf, dass er das Rind mit seinem Geist trifft, ohne es mehr mit seinen Augen zu sehen. Gemäß der Logik des Lernprozesses, den ich soeben skizziert habe, kann der »Geist« (*shen*) hier weder eine dem Koch äußerliche noch eine gesonderte Kraft in ihm sein. Dieser »Geist« kann nichts anderes sein als die vollkommen integrierte Aktivität des Handelnden. Wenn sich eine solch durchgreifende Synergie einstellt, dann verwandelt sich seine Aktivität und geht in eine höhere Form über. Sie scheint sich von der Kontrolle durch das Bewusstsein loszulösen und nur noch sich selbst zu gehorchen. »Mein Geist«, sagt der Koch, »verfährt souverän und folgt von selbst der Gliederung des Rindes«.[4]

Die vom Koch beschriebenen Etappen sind kein leeres Gerede. Wir kennen sie, wir haben sie selbst schon hundert Mal durchlaufen. Als wir als Kinder lernten, Wasser in ein Glas zu gießen oder eine Scheibe Brot abzuschneiden, mussten wir zunächst die Trägheit der Objekte überwinden. Als deren Widerstand geringer wurde, konnten wir uns auf die schwierigen Punkte konzentrieren und sorgten dafür, dass kein Tropfen Wein auf das Tischtuch fiel oder dass die Brotscheiben gleich dick wurden. Schließlich haben wir diese Vorgänge mit Leichtigkeit ausgeführt und sind spielerisch mit den Dingen umgegangen. Ab und zu haben wir die besondere Synergie zustande gebracht, die eine Handlung qualitativ verwandelt und ihr eine wunderbare Wirksamkeit verleiht: Nach einem gut geführten Schlag mit dem Hammer zum Beispiel, der mühelos einen großen Nagel ins Holz trieb, ist es uns da nicht wie dem Koch Ding ergangen, der sich nach vollendeter Tat »aufrichtet, sein Messer in der Hand, und vergnügt und zufrieden um sich blickt«?

Auch wenn es nicht um die Handhabung von Gegenständen, sondern nur um die Koordination unserer Bewegungen geht, sind die Etappen des Lernprozesses die gleichen. Wir haben sie durchlaufen, als wir zu gehen oder zu reden lernten. Wir durchlaufen sie, wenn wir eine Fremdsprache erlernen. Wie der Metzger sein Rind, sehen wir die fremde Sprache zunächst als ein kaum zu bewältigendes Ganzes vor uns, das unserem Wunsch, uns auszudrücken, entgegensteht. Später sehen wir nur mehr ihre schwierigen Teile, schließlich »treffen wir sie mit dem Geist«. Wenn wir sprechen, »verfährt unser Geist souverän und folgt wie von selbst ihrer Gliederung«. Sie ist kein Äußeres mehr für uns, sie ist uns kein Objekt mehr. Oder denken wir an die Musik, an die Beherrschung eines Instrumentes, der Violine zum Beispiel – an die Etappen, die von den Anfangsschwierigkeiten bis hin zu den Wundern führen, die ein überlegener Musiker in gewissen begnadeten Momenten vollbringt.

Wir kennen diese Phasen des Lernprozesses, sind aber nicht auf den Gedanken gekommen, sie in vier kurzen und treffenden Sätzen zusammenzufassen. Zhuangzi liefert das Paradigma, das uns fehlte. Er verschafft uns das Mittel, eine Vielzahl von verstreuten Beobachtungen zusammenzuführen und zu ordnen, sie durch andere zu ergänzen und damit einen Teil unserer Erfahrung in ein neues Licht zu rücken. Es ist tatsächlich so, dass wir bei der Aneignung all unserer bewussten Handlungen, von den einfachsten zu den kompliziertesten, diese Etappen durchlaufen haben.

Der Leser wird bemerkt haben, dass ich dem Wort »Erfahrung« eine besondere Bedeutung gebe. Ich meine nicht die Erfahrungen, die man sich durch die Ausübung eines Berufs oder im Laufe eines Lebens aneignet oder besonderen Erlebnissen verdankt. Ich bezeichne mit diesem Wort das Substrat unserer bewussten Handlungen, dem wir normalerweise keine Aufmerksamkeit schenken, ja das wir kaum je zur Kenntnis nehmen, weil es uns zu nahe und zu vertraut ist, das wir aber deutlicher wahrnehmen können, wenn wir es wollen. Es braucht dazu eine besondere Art von Aufmerksamkeit, die wir kultivieren können. Und eben diese Art von Aufmerksamkeit müssen wir entwickeln, um Zhuangzi richtig lesen zu lernen.

Hier ein weiterer bemerkenswerter Dialog, wiederum zwischen einer historischen Persönlichkeit, dem Herzog Huan, einem berühmten Herrscher des Staates Qi (er regierte von 685 bis 643), und einer erfundenen Figur, einem Wagner namens Bian. Die Szene spielt im Hofe des Palastes. Es ist natürlich undenkbar, dass ein Handwerker unaufgefordert die Stufen emporsteigt, die zur Halle des Herrschers führen, und zu ihm spricht.

> Der Herzog Huan las in seinem Saal, der Wagner Bian verfertigte am Fuß der Treppe ein Rad. Dieser legte sein Eisen und seinen Hammer zur Seite, stieg die Stufen empor und wandte sich an den Herzog: Darf ich fragen, was Sie lesen? – Die Worte hervorragender Männer, antwortete der Herzog. – Leben die noch? – Nein, sie sind gestorben. – Dann ist, was Sie da lesen, nichts als der Abfall der Alten! – Wie wagt ein Wagner zu beurteilen, was ich lese, erwiderte der Herzog. Wenn du dich rechtfertigen kannst, werde ich Gnade walten lassen, wenn nicht, dann wirst du sterben. – Ich urteile nach meiner Er-

> fahrung, antwortete der Wagner. Wenn ich das Holz bearbeite und es zu flach angehe, so sitzt mein Hieb nicht. Wenn ich es zu steil angehe, so bleibt (mein Eisen) darin stecken. Zwischen Härte und Sanftheit trifft die Hand (das richtige Maß) und der Geist behält es. Es gibt da einen Kniff, den ich nicht in Worte fassen kann, sodass ich ihn meinen Söhnen nicht erklären konnte und sie ihn nicht von mir erlernt haben, weshalb ich, obwohl schon über siebzig, trotz meines hohen Alters hier immer noch Räder herstelle. Was die Alten nicht weitergeben konnten, das haben sie in den Tod mitgenommen. Es ist nichts als ihren Abfall, den Sie da lesen.[5]

Wie im vorhergehenden Fall hat dieser Dialog einen Gehalt, der nicht sofort erkennbar ist. Beachten wir als Erstes die Beschreibung, die der Wagner von seinem Handwerk gibt.

Hier gibt es ein technisches Problem: »Wenn ich das Holz bearbeite und es zu flach angehe«, sagt der Wagner, »so sitzt mein Hieb nicht. Wenn ich es zu steil angehe, dann bleibt mein Eisen darin stecken.« So übersetze ich versuchsweise einen im Original etwas dunklen Satz. Sicher ist, dass der Wagner mit einem Eisen und einem Hammer arbeitet. Ich nehme an, dass er dem Rad seine Rundung gibt, indem er das Holz von der Tangente her bearbeitet. Möglicherweise handelt es sich um eines der Vollräder, die es in China noch bis ins zwanzigste Jahrhundert gab, aus zusammengesetzten Planken, die abgerundet wurden und einen massiven Diskus ergaben, der durch Eisen verstärkt wurde. Der entscheidende Satz ist aber dieser: »Zwischen Härte und Sanftheit«, sagt der Wagner, »trifft die Hand (das richtige Maß) und der Geist behält es.« Er fügt hinzu: »Es gibt hier einen Kniff, den ich nicht in Worte fassen kann.« Er beschreibt mit diesen Worten den tatsächlichen Sachverhalt.

Folgen wir seinem Beispiel und halten wir uns an unsere eigene Erfahrung. Wir verfertigen keine Räder, aber verstehen es, einen Hammer zu benutzen, um einen Nagel ins Holz zu schlagen. Wenn wir beobachten, was wir tun, stellen wir fest, dass wir, ganz wie der Wagner, »einen Kniff haben, den wir nicht in Worte fassen können« und den wir deshalb nicht mittels der Sprache weitergeben können. Wir werden gewahr, dass wir ihn überhaupt nicht weitergeben können. Jeder, der diese Geste beherrscht, hat sie sich selbst angeeignet. Er ist zuerst auf die unvermeidlichen Anfangsschwierigkeiten gestoßen, hat dann die verschiedenen Phasen durchlaufen, die der Koch beschrieb, und hat schließlich, so wie dieser, die Meisterschaft erlangt. In diesem Lernprozess kann die Sprache sicherlich eine Rolle spielen, aber nur um den Lehrling zu leiten und ihm beim Verständnis seiner Fehler zu helfen, damit er sofort seine eigenen Lehren daraus ziehe. »Es gibt da einen Kniff, den ich nicht in Worte fassen kann, sodass ich ihn meinen Söhnen nicht erklären konnte«, sagt der Wagner weiter. Er konnte ihnen nicht helfen, weil sie die Geste nicht selbstständig erlernen wollten. Deshalb, so fügt er hinzu, »stelle ich noch immer Räder her, trotz meines hohen Alters«. Er hat keine Nachfolger, er hat auch keinen Lehrer gehabt. Er hat zwar seine Werkzeuge und seine Technik nicht selbst erfunden, aber seine Geste hat er selbst erlernt. »Zwischen Härte und Sanftheit trifft die Hand (das richtige Maß) und der Geist behält es«, erklärt er. Diese Beschreibung trifft zu. Durch schrittweise Annäherung findet die Hand die richtige Geste. Der Geist (*xin*) registriert das Ergebnis dieser Versuche und findet am Ende den Ablauf der wirksamen Geste. Aus physikalischer und mathematischer Sicht ist sie höchst komplex, aber für den, der sie beherrscht, scheint sie ganz einfach. Die Geste ist eine Synthese.

Diese Feststellung ist von großer Tragweite. Dem Erwachsenen ist es nicht mehr klar, dass er für jede der Gesten, die die Grundlage seiner bewussten Handlungen bilden, die intellektuellen mit eingeschlossen, eine Synthese hat erarbeiten müssen. Er sieht dieses Fundament nicht mehr und kann es daher auch nicht mehr modifizieren. Dass die Geste nicht durch Worte weitergegeben werden kann, heißt aber nicht, dass sie etwas »Unaussprechliches« hat und sie deshalb jedwedem Wissen unzugänglich wäre. Die Beherrschung einer Geste schließt im Gegenteil eine Form von Wissen mit ein, ja, wie ich glaube, die sicherste und grundlegendste Form von Wissen, die es gibt – von der aber die Philosophie keine Notiz genommen hat. Für diese Blindheit sehe ich drei Gründe. Der erste liegt darin, dass dieses Wissen nicht diskursiver Natur ist. Der zweite liegt darin, dass dieses Wissen nicht beachtenswert scheint, da es zu allgemein und vertraut ist oder wir es gar nicht bemerken, weil es uns zu nahe liegt. Der dritte Grund ist, dass eine täglich ausgeführte Geste unbewusst wird. Je größer die Sicherheit wird, mit der wir sie ausführen, desto mehr entzieht sie sich unserer Aufmerksamkeit, und mehr noch der Aufmerksamkeit der Philosophen.

Dem Dialog zwischen dem Herzog und dem Wagner geht eine kurze philosophische Darlegung voraus, in der das Thema der Sprache behandelt wird. Ich zitiere daraus die beiden letzten Sätze:

> Was wir sehen, sind Formen und Farben, was wir hören, sind Worte und Töne. Zu ihrem Unglück stellen sich die Menschen vor, dass sie mittels dieser Formen und Farben, dieser Worte und Töne die Wirklichkeit erfassen. Darin irren sie sich aber, denn wenn man wahrnimmt, spricht man nicht, und wenn man spricht, nimmt man nicht wahr.[6]

Die Menschen bilden sich ein, dass die Sprache ihnen erlaubt, die Wirklichkeit der Dinge zu erfassen, sagt Zhuangzi. Der Grund dieses Irrtums ist der folgende: »Wenn man wahrnimmt, spricht man nicht, und wenn man spricht, nimmt man nicht wahr«. Mit diesem Satz beschreibt er eine Beziehung, die wir jederzeit beobachten können. Wenn wir unsere Aufmerksamkeit auf die Wahrnehmung einer sinnlichen Realität richten, außerhalb von uns oder in uns, so verschwindet die Sprache aus dem Mittelpunkt unseres Bewusstseins. Umgekehrt, wenn wir uns der Sprache bedienen, hören wir zwar nicht auf, wahrzunehmen, doch unsere Wahrnehmung wird peripherisch, wir können uns nicht mehr auf sie konzentrieren. Diese Beziehung ist auch Wittgenstein aufgefallen: »Während ich einen Gegenstand sehe«, schreibt er, »kann ich ihn mir nicht vorstellen.«[7] Umgekehrt bemerkt er: »Wenn wir uns etwas vorstellen, beobachten wir nicht.«[8] Valéry vermerkt in seinen *Cahiers*: »Was ich denke, stört das, was ich sehe – und umgekehrt.«[9] Die Sprache täuscht uns, sagt Zhuangzi, weil diese Beziehung unserem Geist innewohnt. Wenn wir sprechen, ist die Wahrnehmung eingeschränkt oder aufgehoben, sodass wir den Unterschied zwischen Sprache und Wirklichkeit übersehen und folglich blindlings die Sprache für den adäquaten Ausdruck der Wirklichkeit halten. Und wenn wir unsere Aufmerksamkeit auf die sinnliche Realität richten (zum Beispiel auf eine

Landschaft, die wir bewundern), vergessen wir die Sprache, sodass der Unterschied zwischen beiden ebenfalls unbemerkt bleibt. Es ist die Rolle des Philosophen und des Schriftstellers, diese natürliche Unvereinbarkeit zu überwinden, die Sprache und die sinnliche Wirklichkeit miteinander zu konfrontieren und die Sprache zu korrigieren, wenn sie uns irreführt. Wiederum liefert uns Zhuangzi eine wesentliche Beobachtung.

Die Leser, die den Text kennen, werden vielleicht denken, dass ich mich verirre. Der Satz, den ich kommentiert habe, so werden sie mir entgegnen, ist ein berühmter Spruch, den man seit jeher mit »wer weiß, spricht nicht; wer spricht, weiß nicht« übersetzt. So hat man ihn auch immer im Kapitel 56 des *Laozi* übersetzt, wo er ebenfalls vorkommt. Wie komme ich darauf, werden sie mich fragen, das Verb *zhi* »wissen« durch »wahrnehmen« zu übersetzen? Ich komme darauf, weil ich mich bemühe, den Text zu verstehen. Denn genau besehen ergibt die übliche Übersetzung keinen Sinn, weder an dieser Stelle des *Zhuangzi*, noch im *Laozi*. Der Spruch, wie er üblicherweise verstanden wird, ist absurd oder besagt, dass das Wissen seinem Wesen nach entweder geheim oder unaussprechlich sei. Ich schließe daraus, dass der Satz falsch wiedergegeben wurde. Um mich von der Gleichstellung von *zhi* und »wissen« zu lösen, sehe ich mich etwas weiter um. Ich achte einerseits auf den Gebrauch von *zhi* in den alten Texten und auf verwandte Verben, die mit ihm zusammen ein semantisches Feld bilden. Ich untersuche andererseits den Gebrauch des Verbs »wissen« und anderer Verben, die ein ungefähr entsprechendes semantisches Feld bilden. Man braucht da nicht lange zu suchen. Man erkennt sehr schnell, dass sich das Verb »wissen« im Deutschen auf eine gesicherte Tatsache oder eine abgesicherte Kenntnis bezieht und dass dieses Wissen auch in Abwesenheit des Gegenstandes bestehen kann. Im Chinesischen impliziert *zhi* dagegen dessen Anwesenheit oder Nähe, wie diese auch aufgefasst sein mag. *Zhi* zielt immer auf ein Objekt, das man sich, wie auch immer, als gegenwärtig vorstellt. Die beste deutsche Entsprechung ist daher nicht »wissen«, sondern »erfassen« oder »wahrnehmen«. Solange ich im oben zitierten Satz *zhi* durch »wissen« übersetze, bleibt er unverständlich. Sobald ich *zhi* durch »wahrnehmen« wiedergebe, zeigt sich, dass er auf genaue und prägnante Weise eine Erfahrungstatsache beschreibt: »Wenn man wahrnimmt, spricht man nicht, wenn man spricht, nimmt man nicht wahr«. Innerhalb der Grenzen des lexikalisch und syntaktisch Erlaubten muss sich die Übersetzung letztlich nach der Erfahrung richten.

Das möchte ich an einem dritten Dialog nochmals aufzeigen:

Konfuzius bestaunte die Wasserfälle von Lüliang. Das Wasser stürzte aus dreihundert Fuß

Höhe herab und brauste dann schäumend über vierzig Meilen dahin. Weder Schildkröten noch Krokodile konnten sich dort aufhalten und doch sah Konfuzius einen Mann, der da schwamm. Er dachte, es handle sich um einen Unglücklichen, der den Tod suchte, und rief seinen Schülern zu, dem Fluss entlangzulaufen, um ihm Beistand zu leisten. Einige hundert Schritte weiter jedoch entstieg der Mann dem Wasser und spazierte mit zerzaustem Haar singend am Ufer entlang.

Konfuzius holte ihn ein und fragte: Ich hielt Sie für ein Gespenst, aber aus der Nähe scheinen Sie mir ganz lebendig. Sagen Sie mir: Haben Sie eine Methode, um sich so über Wasser zu halten? – Nein, antwortete der Mann, das habe ich nicht. Ich bin vom Gegebenen ausgegangen, habe ein Naturell entwickelt und die Notwendigkeit erreicht. Ich lasse mich von den Wirbeln erfassen und von der aufsteigenden Strömung wieder hochtragen, ich folge den Bewegungen des Wassers, ohne selbst etwas zu tun. – Was wollen Sie damit sagen: vom Gegebenen ausgegangen, ein Naturell entwickelt, die Notwendigkeit erreicht? fragte Konfuzius. Der Mann antwortete: Ich bin inmitten dieser Hügel geboren und ich habe mich hier zuhause gefühlt: Das ist das Gegebene. Ich bin im Wasser aufgewachsen und habe mich zunehmend darin wohl befunden: Das ist das Naturell. Ich weiß nicht, weshalb ich tue, was ich tue: Das ist die Notwendigkeit.[10]

Wiederum spricht ein Mann, der eben eine außerordentliche Fähigkeit an den Tag gelegt hat. Eine Methode habe er nicht, antwortet der Schwimmer, aber er könne seine Erfahrung beschreiben. Er fasst sie in drei Worte: das Gegebene, das Naturell, die Notwendigkeit. Auf Chinesisch: *gu*, *xing*, *ming* – drei überraschende Ausdrücke, deren Sinn nicht ohne weiteres verständlich ist, weshalb Konfuzius um eine Erklärung bittet. *Gu* bezeichnet gewöhnlich, was der Vergangenheit angehört oder was vorausgegangen ist, weshalb es auch die Bedeutung von »Ursache« annehmen kann. *Xing* wird mit »Natur« übersetzt, im abstrakten Sinn der Natur einer Sache oder der menschlichen Natur. Bei den alten Autoren wird diese Natur nicht als von vornherein gegeben aufgefasst, sondern als die volle Verwirklichung der Anlagen, die einem Wesen eigen sind: Seine »Natur« wird dadurch offenbar, dass es sie verwirklicht. Der dritte Ausdruck, *ming*, bedeutet einen Befehl, ein Mandat, ein Dekret, aber auch das Schicksal, die Fatalität, die Notwendigkeit. Diese drei Ausdrücke blieben rätselhaft, wenn der Schwimmer nicht zu ihrer Erklärung drei Momente seiner Erfahrung beschriebe. »Ich bin inmitten dieser Hügel geboren und habe mich hier zuhause gefühlt«: Das ist *gu*, wörtlich: »das, was anfangs da war«, daher: »das

Gegebene«. – »Ich bin am Wasser aufgewachsen und ich habe mich zunehmend darin wohl befunden: Das ist *xing*«, was ich in Ermangelung einer besseren Übersetzung durch »das Naturell« wiedergegeben habe, im Sinne einer durch langes Üben erlangten Wesensart. »Ich weiß nicht, weshalb ich tue, was ich tue: Das ist *ming*«. Ich habe *ming*, ein Wort, das hier einen besonderen Sinn besitzt, mit »Notwendigkeit« übersetzt: Der Schwimmer hat die Fähigkeit erlangt, in vollkommener Übereinstimmung mit den Strömungen und Wirbeln des Wassers und gleichzeitig vollkommen spontan, also notwendig zu handeln, denn alle seine Bewegungen vollziehen sich auf unmittelbare und natürliche Weise. Wir können diesen Text trotz seiner Schwierigkeit verstehen und übersetzen, weil wir es mit der Beschreibung eines Vorgangs zu tun haben, den wir sehr wohl kennen.

Um aber die Erfahrung des Schwimmers voll zu verstehen, müssen wir den ganzen Text ins Auge fassen. Konfuzius, der Lehrer, der Zeremonienmeister, der Kenner der Riten und ihrer Geschichte, ein Mann, der in allen Dingen auf die Einhaltung der Regeln besteht, ist vom außergewöhnlichen Anblick des Wassers ergriffen, das »aus dreihundert Fuß Höhe herabstürzt und schäumend über vierzig Meilen dahinbraust«. Ihn überkommt der Eindruck von etwas Übermenschlichem, das für ihn völlig unzugänglich ist, und doch sieht er zu seiner Verwunderung, wie ein

Mensch in diesen Fluten schwimmt. Es kann sich nur um einen »Unglücklichen handeln, der den Tod sucht«, denkt er und befiehlt seinen Schülern – er wäre kein Meister, wenn er nicht eine Gefolgschaft von Schülern hätte – dem Ufer entlangzulaufen, um ihn zu retten. Aber einige hundert Fuß weiter taucht keineswegs ein Verzweifelter auf. Der Schwimmer entsteigt dem Wasser, spaziert am Ufer entlang und singt. Alles ist in dieser Szene bedeutsam. Der Schwimmer hat zerzaustes Haar, während Konfuzius und seine Schüler ohne Zweifel tadellos gebundene Haarknoten tragen. Er geht allein, während der Meister und seine Schüler eine kleine hierarchische Gesellschaft bilden. Er wandelt dahin, während die Schüler voller Sorge dahergelaufen kommen, gefolgt vom hinterherhastenden Konfuzius. Die Welt hat sich verkehrt, denn je höher einer in der Hierarchie steht, so will es die Regel, desto langsamer soll er sich bewegen. Hier eilt Konfuzius hinter seinen Schülern her, die hinter dem Einzelgänger her sind. Man schart sich um ihn, er unterbricht sein Lied und nun befragt ihn Konfuzius. Sie tauschen die Rollen. Im *Zhuangzi* erscheint Konfuzius, der als Weiser gemeinhin keine Fragen stellt, sondern auf sie antwortet, als ein Mann, der bald weiß, bald nicht mehr weiß und jederzeit bereit ist, sich von einem Weiseren belehren zu lassen. Er war soeben Zeuge einer übernatürlichen Erscheinung, er glaubte, ein Gespenst zu sehen, und hat nun einen lebendigen

Menschen vor sich, den er befragen kann. »Ich möchte gerne wissen, dank welcher Methode es Ihnen gelingt, von der einen Welt in die andere zu wechseln«, fragt er ihn, da ein solcher Übergang für ihn etwas Unfassbares hat. »Ich habe keine Methode«, antwortet der Mann, »aber wenn Sie wollen, kann ich Ihnen erzählen, wie es mir ergangen ist«. Es folgt die kurze Beschreibung, die sich Konfuzius dann erklären lässt. Der verborgene Sinn der Szene scheint darin zu bestehen, dass Konfuzius die »Notwendigkeit« nicht erlangt hat, weil er das erforderliche »Naturell« nicht entwickelt hat, was daran liegt, dass er nicht vom »Gegebenen« – von den unmittelbarsten, einfachsten Grundlagen des Lebens ausgegangen ist. Die Kunst, gibt ihm der Schwimmer zu verstehen, besteht darin, sich auf das Gegebene zu stützen, durch Übung ein Naturell zu entwickeln, das einen befähigt, sich den Strömungen und Strudeln des Wassers anzupassen und »notwendig« zu handeln und dadurch frei zu sein. Zweifellos sind diese Strömungen und Strudel nicht nur die des Wassers. Gemeint sind alle Kräfte, wie sie in den ständigen Verwandlungen der Wirklichkeit walten, in uns und außer uns.

Mit der Erklärung des Schwimmers endet der Dialog. Konfuzius hat nichts hinzuzufügen, weder dem Schwimmer, noch seinen Schülern gegenüber. Sie waren Zeugen, haben zugehört, und das genügt. Manchmal versuche ich mir vorzustellen, wie ein großer Maler der Vergangenheit, Giotto zum Beispiel, diese wunderbare Szene dargestellt hätte.

Aber: Habe ich richtig gelesen? Habe ich den Sinn erfasst, den der Autor in diesen Dialog und die zwei ersten gelegt hat? Ich glaube, ihm wenigstens sehr nahe gekommen zu sein. Vielleicht wird mein Selbstvertrauen Anstoß erregen. Ich verstoße gegen die Gewohnheiten gewisser akademischer Kreise, in denen, wie der Hellenist Jean Bollack bemerkt, »der Wille, die Texte in ihrer ganzen Tragweite und bis ins Letzte zu verstehen, selten anzutreffen und in gewissem Sinne verpönt ist«.[11] Er stellt fest, dass in der heutigen akademischen Welt »schon die Möglichkeit, eine Übereinkunft über den Sinn der Texte zu erzielen, prinzipiell ausgeschlossen wird«.[12] Ich werde mich damit begnügen, meine Lektüre mit drei Argumenten zu verteidigen.

Erstens scheint sie mir umso zutreffender und fundierter, als sie der Gesamtwirkung des Textes gerecht wird und zeigt, wie der Autor lexikalische, syntaktische, logische, literarische und dramaturgische Mittel für den Ausdruck seiner Gedanken verwendet hat.

Zweitens scheint sie mir umso fundierter, als das Denken, das in einem Text zum Ausdruck kommt, direkt oder indirekt durch andere Teile des Werkes bestätigt wird. Die drei bisher zitierten Dialoge weisen gemeinsame Züge auf. In allen drei

Fällen haben wir einen Mann, der handelt und durch seine Handlung Bewunderung oder Bestürzung auslöst. In allen drei Fällen gehen die Männer in der Ausübung ihrer Kunst ganz auf. In allen drei Fällen sagen sie etwas über ihre Kunst aus, weil sie danach gefragt werden und innehalten, um zu sprechen. Sie drücken sich knapp und klar aus, weil sie nichts zu beweisen haben. Die Fähigkeiten, die sie soeben an den Tag gelegt haben, sind Beweis genug. Sie beschreiben, was vor sich geht, wenn sie handeln, und geben ganz von selbst ihrer Schilderung eine allgemeine Bedeutung. Sie sind Handwerker oder Männer aus dem Volk, »inmitten dieser Hügeln geboren«, die ihr Wort an Berühmtheiten zu richten wagen, in den ersten beiden Fällen an große Herrscher, an Konfuzius im letzten, aber ohne sich im geringsten unterwürfig zu zeigen. Die Meisterschaft in ihrer Kunst verleiht ihnen eine vollkommene persönliche Unabhängigkeit und gleichzeitig eine perfekte geistige Klarheit. Solche Entsprechungen sind bedeutsam. Sie sind im *Zhuangzi* zahlreich, bald offensichtlich, bald versteckt. Je mehr man voranschreitet, desto größer die Zahl solcher Wechselbeziehungen. Man entdeckt auch eine zunehmende Zahl von Differenzen und Dissonanzen, ja von Unvereinbarkeiten – denn das *Zhuangzi* ist keineswegs einheitlich.

Mein drittes Argument ist die Übereinstimmung mit der Erfahrung. Wenn ich in einem Text eine Beschreibung finde, die meiner Erfahrung entspricht, so schließe ich, dass ich richtig gelesen habe – besonders dann, wenn es sich um eine Beschreibung des unendlich Nahen handelt, das das Substrat unserer Existenz bildet. Diese Leseweise mag die Schwärmer enttäuschen, die, wie man weiß, unter den Verehrern des *Zhuangzi* sehr zahlreich sind. Die Rätsel, die mich interessieren, sind aber nicht im Text, sondern in der Wirklichkeit selbst enthalten. Je lebhafter und genauer der Text mir diese zeigt, desto besser.

Andere Leser werden sich vielleicht darüber empören, dass die Texte in meiner Leseweise nichts spezifisch Chinesisches an sich haben und nicht mehr ihren Erwartungen und Vorstellungen entsprechen. Wir müssen uns aber darüber im Klaren sein, dass uns gerade ihr Empören unsere eigenen Lesegewohnheiten vor Augen hält: Beim Lesen projizieren wir meistens unsere vorgefassten Ideen in die Texte hinein. Unsere Vorurteile und Erwartungen bestimmen, was wir darin finden, und beschützen uns gegen neue Befunde. Ich gehe umgekehrt vor. Anstatt Zhuangzi *a priori* als einen chinesischen, taoistischen oder mystischen Denker zu definieren und entsprechend zu deuten, bemühe ich mich, ihn kritisch zu lesen und dann zu prüfen, ob mein Verständnis den herkömmlichen Interpretationen entspricht. Wenn mir diese falsch scheinen, dann frage ich mich weiter, woher sie kommen, wie und wann sie entstanden sind, auf welche Missverständnisse oder Verdrehungen sie zurückzuführen sind. Auch dieses Gebiet bietet reichlichen Stoff. Ich werde noch Gelegenheit haben, auf die falschen Perspektiven zurückzukommen, die sich ergeben, wenn man Zhuangzi *a priori* für einen »Taoisten« hält.

Meinem Ansatz entspricht ein bestimmtes Vorgehen beim Übersetzen. Vorhin habe ich festgehalten, dass sich die Übersetzung innerhalb der Grenzen des lexikalisch und syntaktisch Erlaubten letztlich nach der Erfahrung richten muss. Das war einer der Leitsätze meiner Methode. Ich vermeide außerdem nach Möglichkeit Ausdrücke, die dem Leser vortäuschen könnten, er habe es mit spezifisch chinesischen Begriffen, Vorstellungen und Erscheinungen zu tun, während er die Beschreibung einer universellen Erfahrung vor sich hat. Das Wort *dao* findet sich zwei Mal in den zitierten Dialogen, aber ich habe sorgsam darauf geachtet, es nicht in Erscheinung treten zu lassen. Nachdem er seinem Koch bei der Arbeit zugeschaut hat, ruft der Prinz Wenhui aus: »Wie wunderbar! Eine solche Gewandtheit hätte ich nie für möglich gehalten!« Der Koch antwortet ihm wörtlich: »Was Ihr Diener liebt, das ist das *dao*, nicht nur die Technik«. Hätte ich in der Übersetzung »das *Dao*« oder »den Weg« einsetzen sollen? Dadurch hätte ich meiner Übersetzung den Stempel chinesischer Herkunft aufgedrückt und den Sinn des Textes somit außer Reichweite des Lesers gerückt. Ich habe im Gegenteil *dao* als ein gewöhnliches Hauptwort betrachtet, dessen sich Zhuangzi bediente, um etwas zum Ausdruck zu bringen, was ich vom Kontext her sehr wohl verstehen konnte, sodass meine Aufgabe darin bestand, die französischen bzw. deutschen Ausdrücke zu finden, die am besten wiedergeben, wovon Zhuangzi sprach. »Was Ihren Diener interessiert, ist das *Wirken in den Dingen*, nicht nur die Technik«, habe ich geschrieben, weil dies dem Ton der Replik entspricht und weil der Text in der Folge zeigt, dass der Koch durch sein Fortschreiten in der Kunst des Zerlegens so etwas wie »das Wirken in den Dingen« erkundet.[13] Als Konfuzius seine Schüler einholte und den am Ufer spazierenden Schwimmer befragte, sagte er wörtlich: »Haben Sie ein *dao*, um sich so über Wasser zu halten?« In meiner Übersetzung: »Haben Sie eine *Methode*, um so schwimmen zu können?«, denn genau das meinte Konfuzius. Im weiteren Verlauf dieser Untersuchung werde ich das Wort *dao* auf unterschiedliche Weise übersetzen und jedes Mal den Grund meiner Wahl angeben. Meiner Ansicht nach war dieses Wort für Zhuangzi noch kein fester Begriff, geschweige denn ein sakraler. Er gibt ihm sehr verschiedene, manchmal weit voneinander entfernte Bedeutungen und kümmert sich offensichtlich nicht darum, sie in Übereinstimmung zu bringen. Diese Freiheit im Wortgebrauch sollte nicht überraschen. Sie entspricht seiner Sprachphilosophie, wie er sie im Buch 2, dem *Qiwulun*[14], darlegt und in der Gesamtheit seiner Schriften auf glänzende Weise vorführt. Vielleicht sollte man aber richtiger sagen, dass ein freier Umgang mit dem Wort *dao* zu seiner Zeit noch üblich war. Es besaß noch keine besondere Autorität. Das soll aber nicht heißen, dass Zhuangzi nicht gewissen Worten einen besonderen Sinn gegeben hat, um sein Denken auszudrücken. Wir werden dazu noch Beispiele sehen.

Um mich im Folgenden besser verständlich zu machen, schien es mir notwendig, zu Beginn zu zeigen, wie ich das *Zhuangzi* lese und übersetze. Ich plädiere für eine Philologie, die nicht nur die Textgestalt festzulegen, sondern auch den Sinn zu bestimmen sucht. Um ihn zu bestimmen, geht sie kritisch vor, unterzieht sie die früheren Leseweisen einem methodischen Zweifel, besonders dann, wenn sie zu Gemeinplätzen geworden sind. Es ist ihr Ziel, unter den Schichten angehäufter Interpretationen den vom Autor in den Text gelegten Sinn in seiner Fülle wiederherzustellen. Diese kritische Philologie wird ihr Ziel zwar nicht immer erreichen. Angesichts unüberwindbarer Schwierigkeiten wird sie hier und da ihre Ohnmacht eingestehen müssen. Sie wird sich auch stets bemühen, ihre impliziten Annahmen zu hinterfragen. Die kritische Arbeit, die zur Wiederentdeckung des ursprünglichen Sinns führt, kann langwierig und kompliziert sein, wird aber am Ende reichlich belohnt. Sie führt letztlich zu einer Übersetzung, die zeigt, dass der Text, wenn seine ursprüngliche

Schärfe wieder hergestellt ist, von selbst sagt, was er sagen will.[15]

Wenn wir das *Zhuangzi* auf diese Weise lesen, ergeben sich gleich zwei Aufgaben: Wir werden einerseits dazu geführt, den Text Satz für Satz neu zu lesen; und andererseits werden wir dazu angehalten, unsere eigene Erfahrung unter Gesichtspunkten zu interpretieren, die für uns zum Teil völlig neu sind.

Ich habe diese Untersuchung mit verhältnismäßig einfachen Texten begonnen, in denen Aspekte unserer Erfahrung beschrieben werden, die sich relativ leicht fassen lassen: die Etappen des Lernprozesses, die Nichtvermittelbarkeit der Geste und die spontane Handlung als Ergebnis methodischer Übung. Wir werden jetzt etwas schwierigere Texte angehen, die uns dazu führen werden, Momente unserer Erfahrung zu ergründen, die unserer Aufmerksamkeit meistens entgehen.

Die Formen der Aktivität

Das *Zhuangzi* ist zum Teil das Werk eines Philosophen, eines Menschen also, der selbstständig denkt und von seiner eigenen Erfahrung ausgeht, der auch bedenkt, was andere sagen, und der einen reflektierten Gebrauch von der Sprache macht. Es war notwendig, dies an den Anfang zu stellen, weil uns fast nichts über die Person Zhuangzis bekannt ist. Wir sind auf die Texte angewiesen und werden sein philosophisches Denken darin nicht finden, wenn wir nicht danach suchen.

Wittgenstein hielt die Beschreibung, anstelle der Erklärung, für den eigentlich philosophischen Akt, besonders dann, wenn sie die Grundlagen unserer Erfahrung, in meinen Worten: das unendlich Nahe und fast Unmittelbare, festzuhalten sucht. Seine Beschreibungen sind aber oft befremdlich, weil er notwendigerweise auf große Ausdrucksschwierigkeiten stieß. Die Beschreibung steht auch im Mittelpunkt der Phänomenologie, aber die langwierige Prosa der Phänomenologen vermittelt selten das Gefühl, dass sie an die Sachen selbst rührt. Zhuangzi ist da ganz anders. Er drückt sich knapp aus, hält gerne inne. Er mutet auch oft spekulativ, ja waghalsig an, wenn er mit Wonne dem

Überschwang seiner Imagination folgt. Wenn ich dennoch setze, dass sein Werk im Wesentlichen eine Beschreibung der Erfahrung ist, ja der allgemeinen Erfahrung, so formuliere ich eine These, deren Tragfähigkeit ich zu beweisen habe. Die kurzen Analysen, die ich bisher geboten habe, genügen dazu nicht. Meine Beweisführung muss sich vertiefen.

Der Koch, der Wagner und der Schwimmer waren aktive Menschen. Ihr Handeln wurde uns in eindrücklicher Weise beschrieben. Alle drei unterbrachen ihr Tun, um darüber zu sprechen. Alle drei beschrieben die Veränderungen, die ihre Aktivität erfahren hatte, während sie nach und nach zur Meisterschaft gelangten. Die so beschriebene Aktivität steht in einem deutlichen Kontrast zu den Momenten der Erfahrung, wie sie die Phänomenologen beschrieben haben, hauptsächlich solche der Empfindung und der Wahrnehmung, manchmal auch der Erinnerung und der Reflexion. Der Phänomenologe ist ein Mensch, der sitzt und zu erfassen sucht, was vor sich geht, wenn er seinen Tisch, sein Blatt Papier, das offene Fenster, die Mauer des gegenüberliegenden Hauses sieht – oder der die Augen schließt und beobachtet, was geschieht, wenn er an diese Dinge denkt. Was er beschreibt, sind Momente stiller und bewusster Beziehung zu sich selbst. In den drei Dialogen Zhuangzis ging es dagegen um eine aktive Aktivität (wenn ich so sagen darf), die man unterbrechen musste, um darüber sprechen zu können. Es ging um die Wandlungen dieser Aktivität und um die mit ihnen einhergehenden Modifikation der Beziehungen zwischen – nicht dem Bewussten und dem Unbewussten – sondern besser: dem bewussten und dem unbewussten Handeln.

Um diese Phänomene genau zu erfassen, habe ich im Französischen von »régimes de l'activité« und »changements de régimes« gesprochen. Ich dachte dabei an einen Motor, dessen Getriebe in verschiedenen Gängen unterschiedliche Leistungen erbringt. Im Deutschen muss ich mich damit begnügen, von den »Formen« unserer Aktivität zu sprechen, werde aber in Anlehnung an das ursprüngliche Bild vom »Umschalten« von der einen in die andere reden. Ich bin der Ansicht, dass Zhuangzi in den bereits untersuchten und den noch zu analysierenden Texten sein Augenmerk hauptsächlich auf die Formen unserer Aktivität und auf das Umschalten von der einen in die andere richtet.

Dieses Umschalten ist uns vertraut, wir praktizieren es dauernd, beobachten es aber selten und machen es nie zum Gegenstand ernsthafter Reflexion. Es kommt uns dafür nicht bedeutsam genug vor. Diese Geringschätzung scheint mit dem Vorrang zusammenzuhängen, den wir der bewussten und anhaltenden Beziehung zu uns selbst einräumen, von der ich sprach, besonders in der Philosophie. An diese Geringschätzung denkt

Julien Gracq, wenn er in *En lisant, en écrivant* notiert: »Fast alle Denker, alle Dichter des Westens bevorzugen die Ideen, die Bilder, welche den wachen Geisteszustand beschreiben, in dem sich der Geist von der Welt abtrennt, und vernachlässigen auf nicht weniger systematische Weise jene, die das *Einschlafen*, die Wiedervereinigung betreffen. Und bei diesem Wachen handelt es sich fast immer um einen Zustand des schon Erwachtseins und nicht so sehr um einen Übergang. Wie wenig Aufmerksamkeit zollen doch die westliche Wissenschaft und Literatur dem entstehenden und vergehenden Bewusstsein«.[16] Julien Gracq sieht das ganz richtig, bleibt aber in seinem Wortgebrauch der engen Perspektive, die er kritisiert, verhaftet. Er spricht von einem »entstehenden« und »vergehenden« Bewusstsein, als könnte es nur als Ganzes erscheinen oder verschwinden, nicht aber sich wandeln. Julien Gracq kennt natürlich Montaignes denkwürdige Beschreibung seines Sturzes vom Pferd, der darauffolgenden Begegnung mit dem Tod und seiner langsamen Rückkehr zum Leben.[17] Er vergisst auch *Auf der Suche nach der verlorenen Zeit* nicht, das mit dem Hinabsinken in den Schlaf beginnt und am Ende in einem Moment außergewöhnlicher Verschmelzung von Empfindung und Erinnerung gipfelt.[18] Diese Ausnahmen bestätigen die Regel. Im Ganzen hat Julien Gracq Recht. Aus der konventionellen philosophischen Sicht erscheint das Umschalten, für das sich Zhuangzi interessiert, belanglos. Aus der Sicht Zhuangzis ist es hingegen besonders bedeutsam.

Beginnen wir mit einer etwas ausgefallenen Form der Aktivität, der Trunkenheit. Von ihr handelt der folgende kurze Text:

> Wenn ein Betrunkener von einem Wagen fällt, stirbt er nicht, selbst wenn der Wagen schnell fährt. Er hat die gleichen Knochen und Gelenke wie andere Leute auch, aber er verletzt sich nicht, weil die handelnde Kraft in ihm ganz ist. Er wusste nicht mehr, dass er auf einem Wagen reiste, und bemerkte nicht, dass er fiel. Weder Tod noch Leben, weder Überraschung noch Angst dringen in ihn ein, sodass er nicht erschrickt, wenn er an etwas stößt. Wenn man durch den Wein eins werden kann, um wie viel mehr kann man durch den Himmel eins werden.[19]

Ich weiß nicht, ob die Erfahrung bestätigt, was Zhuangzi hier erzählt, und beschränke mich darauf, festzuhalten, was er zu glauben scheint. Für ihn ist die Trunkenheit eine Form von Unbewusstheit, die es einem erlaubt, mit *ganzem* Wesen zu handeln und dadurch schadlos zu bleiben. Der Text spielt mit der Doppelbedeutung von *quan*, das sowohl »sicher« als auch »ganz« bedeutet. Der Betrunkene ist heil und sicher, weil seine »handelnde Kraft ganz ist«, *qi shen quan ye*. Ich übersetze mit »handelnde Kraft« das Wort *shen*, das ich in der Erzählung vom Koch mit »Geist« wiedergegeben habe. Der entscheidende Satz ist der letzte: »Wenn man durch den Wein eins werden kann, um wie viel mehr kann man durch den Himmel eins werden!«[20]

Wir begegnen hier zum ersten Mal dem Wort »Himmel«, *tian*, das Zhuangzi viel häufiger verwendet als das Wort *dao* und das für ihn eine zentralere Bedeutung hat. *Tian* ist einer der ganz zentralen Begriffe seines Denkens. Soweit ich das beurteilen kann, hat er ihn selbst gebildet. Er bezeichnet, so können wir nun sagen, eine Form der Aktivität – eine Form, in der die Aktivität besonders wirksam ist; in der sie (der Gleichsetzung gemäß, die uns der Schwimmer lehrte) sowohl spontan als auch *notwendig* ist; in der sie *ganz* oder *eins* ist, weil sie der Vereinigung aller Fähigkeiten und Kräfte entspringt, die wir in uns haben, den uns bekannten und den uns unbekannten. Diese Form von Aktivität ist für Zhuangzi eine unerschöpfliche Quelle des Staunens und der Reflexion.

Spinoza zeigt für sie ein ähnliches Interesse. So schreibt er in einem der wichtigsten Skolien seiner *Ethik*, in dem er die Illusion des cartesianischen freien Willens aufzeigt und ihr den Determinismus entgegenhält, dem wir unterworfen sind: »Denn bisher hat noch niemand den Bau des Körpers so genau erkannt, dass er alle seine Funktionen erklären konnte, ganz davon zu schweigen, dass man bei den Tieren vieles beobachtet, was die menschliche Weisheit weit übersteigt, und dass die Nachtwandler im Schlafe vieles tun, was sie wachend nicht wagen würden. Woraus zur Genüge hervorgeht, dass der Körper nach den Gesetzen seiner Natur vieles zu vollbringen vermag, worüber sein eigener Geist sich wundert.«[21] Spinoza und Zhuangzi begegnen sich hier, was kein Zufall ist. Es besteht zwischen dem Denken der beiden eine große Affinität.

Um weiter Zhuangzi zu folgen, kehren wir zum Begriff *tian*, Himmel, zurück. Dieser wird erst verständlich, wenn man ihn mit einem anderen Begriff in Beziehung bringt, den Zhuangzi ihm entgegensetzt: *ren*, der Mensch, das Menschliche. Hier eine Stelle aus einem Dialog, in der der eine durch den anderen definiert wird. Sie findet sich am Ende des langen Dialogs zwischen dem Grafen des Flusses und dem Herrn des Nordmeeres, der das Kapitel 17 eröffnet:

> – Was verstehst du unter Himmel (*tian*) und was unter dem Menschlichen (*ren*)? fragt der Graf des Flusses. Der Herr des Nordmeeres antwortet: Pferde und Büffel haben vier Beine – das nenne ich Himmel (*tian*). Dem Pferd ein Halfter anlegen und dem Büffel die Schnauze durchbohren – das nenne ich das Menschliche (*ren*).

Wollten wir diese Definition isoliert betrachten, so könnten wir geneigt sein, *tian* und *ren* durch »das Natürliche« und »das Künstliche« zu übersetzen und wären versucht, darin den allgemeineren Gegensatz zwischen Natur und Kultur zu erblicken. Aber der Kontext zeigt, dass dies verfehlt wäre und es sich um Formen der Aktivität handelt. Ich nehme das Zitat wieder auf:

> Pferde und Büffel haben vier Beine – das nenne ich Himmel. Dem Pferd ein Halfter anlegen und dem Büffel die Schnauze durchbohren – das nenne ich das Menschliche. Deshalb sage ich, so fährt der Herr des Nordmeeres fort: Achte darauf, dass das Menschliche nicht das Himmlische (in dir) zerstört; achte darauf, dass das Intentionale (*gu*) nicht das Notwendige (*ming*) (in dir) vernichtet.

Wir finden hier dieselben Ausdrücke wieder, die der Schwimmer in seiner Antwort an Konfuzius verwendet, aber den ersten in einer neuen Bedeutung. In der Antwort des Schwimmers bedeutete *gu* »das, was immer schon da war«, »was gegeben war«, »das Gegebene«. Hier nimmt *gu* einen Sinn an, den ich noch nicht erwähnt habe. Es bedeutet hier das, was dem Akt vorausgeht, das heißt »die Intention« oder »den Willen, etwas zu tun«. Deshalb übersetze ich *wu yi gu mie ming* durch »achte darauf, dass das *Intentionale* nicht das Notwendige (in dir) vernichtet«. Die Parallelität der beiden letzten Aussagen lehrt uns, dass das Menschliche dem Intentionalen, der Himmel dem Notwendigen gleichzusetzen ist. Über die beiden Formen der Aktivität, denen wir oben begegnet sind, wird nun ein Werturteil gefällt: Das Menschliche – das heißt: die intentionale Aktivität und das Bewusstsein – ist minderwertig; der Himmel – das heißt: die notwendige, spontane und in gewissem Sinne unbewusste Aktivität – wird höher gewertet.

Natürlich kann es sich nicht darum handeln, uns unserer absichtsvollen und bewussten Aktivität entledigen zu wollen. Es geht darum, das richtige Verhältnis zwischen ihr und der notwendigen Aktivität herzustellen. »Achte darauf, dass das Intentionale nicht das Notwendige in dir vernichtet«, sagt der Herr des Nordmeeres: Achte darauf, dass deine bewusste Aktivität dir nicht den Zugang zu Formen ungeteilter Aktivität versperrt, die von tiefer liegenden Quellen gespeist werden. Im Abschnitt, der unmittelbar der Frage des Grafen des Flusses vorausgeht, sagt der Herr des Nordmeeres folgendes:

> Der Himmel ist innen, das Menschliche ist außen. Dein Wirkungsvermögen hat seinen Sitz im Himmlischen (in dir). Wisse, worin das Wirken des Himmlischen und worin das menschliche Handeln besteht. Gründe dich auf das Himmlische und weile im Handlungs-

vermögen. Im Tun und im Lassen, in Vorstoß und Rückzug wirst du zum Wesentlichen zurückfinden und deine Worte werden treffen.[22]

Vollkommen, das heißt: spontan, notwendig und wirksam. Offensichtlich wird hier das Menschliche, Intentionale, Bewusste als die Ursache unserer Fehler und unseres Versagens betrachtet, während andere Kräfte und Fähigkeiten zu Ursachen des Heils werden, wenn wir sie nur zusammenwirken und frei walten lassen. Anders ausgedrückt: Unser Geist ist die Ursache der Verirrung und des Scheiterns, während der Körper unser großer Meister ist – nicht der anatomische, nicht der Körper als Objekt, sondern der Körper verstanden als die Gesamtheit der Kräfte und Fähigkeiten, der uns bekannten und der uns unbekannten, die unsere Aktivität tragen und speisen.

Man findet bei Montaigne einen ähnlichen Gesichtspunkt. »Es gehört zur großen Originalität von Montaigne«, schreibt Clément Rosset, »nicht so sehr auf die Ausschweifungen des menschlichen Geistes hingewiesen zu haben, die allseits angeprangert werden, sondern ihren Ursprung dort angesiedelt zu haben, wo niemand es erwartete: in der Wirkungsweise des Geistes selbst, sobald dieser versucht, sich von den Ratschlägen und Empfehlungen des Körpers zu emanzipieren. Die Mehrheit der Philosophen, wie zum Beispiel

Descartes und Malebranche […], denken da umgekehrt und warnen uns: Um den Geist gesund zu erhalten, gäbe es kein besseres Rezept, als sich dauernd vom schädlichen Einfluss des Körpers fernzuhalten. Der Körper sei es, der den Geist in die Irre führe: Seht die Sinnestäuschungen, die Missetaten der Einbildung, das Trügerische in den Erscheinungen! So lautet die klassische These seit Platon bis heute […]. Die These Montaignes besteht im genauen Gegenteil: Wenn sich der Geist verirrt, so verursacht er das selbst, wenn er sich nicht mehr vom Körper leiten lässt.«[23]

Montaigne entwickelt hierzu wertvolle Überlegungen, stellt sie aber nicht in denselben Rahmen wie Zhuangzi. Er bemerkt zum Beispiel, dass die Tiere nicht fehlgehen, weil sie im Gegensatz zum Menschen ihren Geist im Zaume halten: »sous boucle«, wie er so schön sagt.[24] Wenn er aber vorschlägt, unseren Verirrungen durch eine Art von »tierischer Dummheit«[25] abzuhelfen, wenn er uns empfiehlt, »den Tieren ähnlich zu werden, um dadurch weiser zu werden«[26], dann überzeugt er uns nicht recht. Denn es scheint uns widersprüchlich, durch Hinabsteigen eine höhere Stufe erreichen zu wollen. Das rührt jedoch daher, dass wir von einem hierarchischen Schema ausgehen: unten die Tiere, die dem Instinkt gehorchen; darüber der Mensch, der mit Vernunft begabt ist und von diesem Privileg einen besseren oder schlechteren Gebrauch macht; und über dem Menschen die reine Vernunft, die Ideen, das Transzendente, das Übernatürliche, das Göttliche, die Gnade.

Zhuangzi denkt scheinbar wie Montaigne, geht aber von einem anderen Schema aus. Er macht ähnliche Beobachtungen, fügt sie aber in eine andere Ordnung ein und gibt ihnen folglich eine andere Bedeutung. Nach seiner Auffassung gibt es nur zwei Bereiche, den des Menschlichen und den des Himmlischen. Das Menschliche ist minderwertig, es ist niedriger als alles andere. Die Tiere stehen darüber, im Bereich des Himmlischen. Im Kapitel 23 lesen wir zum Beispiel dies: »Nur die Tiere wissen [wahrhaft] tierisch zu handeln, nur die Tiere wissen, nach dem Himmel zu handeln«[27]. Vergessen wir nicht, dass es sich in all diesen Betrachtungen um Formen der Aktivität handelt. Die intentionale und bewusste, spezifisch menschliche Aktivität verursacht Fehlhandlungen sowie Versagen und führt letztlich zur Erschöpfung und zum Tod. Die ungeteilte, spontane und notwendige Aktivität, die »himmlische«, sei sie die eines Tieres oder eines in seiner Kunst geübten Menschen, ist dagegen die Quelle der Wirksamkeit, des Lebens und der Erneuerung. Wir werden später sehen, worin sich die höhere Aktivität des Tieres von der des geübten Menschen unterscheidet.

Kehren wir vorerst zurück zur Beschreibung der verschiedenen Formen der Aktivität, ihrer Beziehungen zueinander und der Übergänge von der einen in die andere. Vom Fallen in eine niedrigere

Form wird an zahlreichen Stellen berichtet. Die niedrigere Aktivität führt zur Erschöpfung. In einem Dialog, in dem sich Zhuangzi eine Diskussion mit seinem Freund Hui Shi ausdenkt, der Staatsmann, Diplomat und ein bekannter Philosoph seiner Zeit war, hält er ihm am Ende entgegen:

> Du vergeudest deinen Geist, du verschwendest deine Kräfte. Du stöhnst auf deine Armlehne gestützt und am Ende schläfst du ein, auf deinem Tisch aus Edelholz. Mit diesen Streitereien über das Harte und das Weiße verbrauchst du den Körper, den die Natur dir gegeben hat.[28]

»Das Harte und Weiße«, *jianbai*, ist ein technischer Ausdruck, der sich auf das Problem der gegenseitigen Durchdringung von sinnlichen Qualitäten in ein und demselben Objekt bezieht, ein Problem, das den Logikern jener Zeit Schwierigkeiten bereitete.[29] In einem Dialog des Buches 17 teilt Gongsun Long, ein anderer Logiker des 4. Jahrhunderts vor unserer Zeitrechnung, einem Eremiten seine Zweifel mit. Man habe ihm Worte von Zhuangzi zugetragen, berichtet er und fragt sich, ob Zhuangzis Anschauungen nicht unendlich umfassender und tiefgründiger als die seinen und ob seine logischen Untersuchungen am Ende nicht sinnlos seien. Er möchte beruhigt werden, aber es widerfährt ihm das Gegenteil. Am Ende des Gesprächs wirft ihm der Eremit Folgendes an den Kopf:

> Und du, Wirrkopf, glaubst, du könntest dem Zhuangzi am Zeug flicken oder dieses oder jenes Argument bekritteln [...]. Hast du nicht von dem Jungen aus Shouling gehört, der die Gangart der feinen Gesellschaft von Handan nachahmen wollte und der es nicht nur vergebens versuchte, sondern am Schluss nicht einmal mehr gehen konnte, wie er es vordem tat? Auf allen Vieren musste er nach Hause kriechen. Verschwinde, sonst wirst du noch dein Latein verlernen und deinen Lebensunterhalt verlieren. – Gongsun Long blieb sprachlos, seine Zunge erstarrte, und suchte dann schleunigst das Weite.[30]

Nun aber, weniger anekdotenhaft und für uns interessanter: der Aufstieg von der menschlichen zur himmlischen Aktivität. Einem Beispiel davon sind wir bereits im Lernprozess des Kochs begegnet. Er hat seine Lehre notwendigerweise im Bereich des »Menschlichen« begonnen. »Anfangs«, sagt er dem Prinzen, »sah ich das ganze Rind vor mir«. Das Tier stand ihm mit seiner ganzen Masse entgegen. Willenskraft und Ausdauer waren nötig, um die Zerteilung zu Ende zu bringen. »Drei Jahre später«, erklärt er, »sah ich nur mehr einzelne Teile davon«. Er war geschickter geworden, stieß aber noch immer auf Schwierigkeiten. Dann vollzog sich der Übergang von der niederen zur höheren Form der Aktivität. »Heute«, sagt er, »treffe ich das Rind, ohne es mit meinen Augen zu sehen. Meine Sinne spielen keine Rolle mehr, mein Geist verfährt souverän«. Er schildert seine Tätigkeit von innen her. Deren Außenwirkung wird zu Beginn des Textes dargestellt: »Man vernahm ein leises *hua*, wenn er das Tier mit der Hand ergriff, dessen Masse mit der Schulter aufhielt und mit Knie und gestemmtem Bein zum Stillstand brachte. Man hörte ein leises *huo* wenn sein Messer regelmässig zuschlug, als führte er einen antiken Tanz auf, als folgte er dem Rhythmus einer Hymne aus alter Zeit.« Seine Tätigkeit hat eine höhere Wirksamkeit erreicht, aber ist sie schon im Sinne des Schwimmers »notwendig« geworden, voll und unfehlbar von anderen Kräften als denen des Bewusstseins bestimmt? Nicht ganz, denn »wenn ich auf ein Gelenk stoße«, sagt er, »suche ich die schwierige Stelle, richte den Blick darauf und trenne es mit äußerster Vorsicht langsam auf«. Zuweilen kontrolliert er noch immer sehr aufmerksam, was er tut. Er hat den Grad der himmlischen Aktivität noch nicht vollkommen erreicht.

Zhuangzi interessiert sich ganz besonders für diesen Übergang in eine höhere Aktivität, für den Augenblick, da ein Umkippen eintritt, da die willentlich durch das Bewusstsein koordinierten und kontrollierten Bewegungen plötzlich durch ein neues, ungeteiltes »Wirken in den Dingen« ersetzt werden, das das Bewusstsein von einem Großteil seiner Aufgaben entlastet und keine Anstrengung mehr erfordert. Es sind unsere Kräfte und Fähigkeiten, die bekannten und die unbekannten, die jetzt in die gewünschte Richtung zusammenwirken und deren Wirken sich nun mit Notwendigkeit vollzieht. Dieses Umkippen ist das Endziel oder wenigstens ein wesentlicher Moment eines jeden Lernprozesses. Wir kennen es alle. Ich erinnere mich an den Tag, da ich das Fahrradfahren erlernte. Erst musste ich mich bemühen, den Druck abwechselnd auf die beiden Pedalen zu legen, durch die Handhabung des Lenkers das Gleichgewicht zu halten und möglichst in gerader Linie zu fahren. Plötzlich geschah all dies von selbst, ich habe nie verstanden wie. Solche Übergänge lassen sich sowohl an den einfachsten wie auch an den kompliziertesten Handlungen beobachten. Man denke zum Beispiel an den Augenblick, da die mühsam entzifferten Noten einer Partitur plötzlich zu Musik werden. Oder an jemanden, der zu uns spricht, sich dabei in zunehmend kompliziertere Lügen verstrickt und plötzlich, zu seiner wie zu unserer Überraschung, sich mit einem Schlage enthüllt und die Wahrheit ausspricht.

In all diesen Fällen kommen Kräfte und Fähigkeiten ins Spiel, die wir vorher nicht kannten. Um gut zu leben, so meint Zhuangzi, müssen wir lernen, diese Kräfte wirken zu lassen. Daher diese einprägsame Bemerkung, die ich dem Kapitel 25 entnehme:

> Die Menschen schätzen hoch ein, was ihr Bewusstsein kennt, und wissen nicht, was es heißt, zu kennen, gestützt auf das, was das Bewusstsein nicht kennt. Liegt nicht hierin die große Quelle des Irrtums?[31]

Dieser sibyllinisch wirkende Satz beschreibt mit Genauigkeit einen wichtigen Aspekt der Erfahrung. Ein kurzer Passus aus dem Buch 23 führt es noch genauer aus:

> Das, was ich Lernen nenne, ist Erlernen dessen, was sich nicht erlernen lässt. Was ich Handeln nenne, ist Erwirken dessen, was sich nicht [willentlich] erwirken lässt. Was ich Erkennen nenne, ist, was man nicht [mit Intention] erkennen kann. Die höchste Form der Erkenntnis ist die, welche vor dem innehält, was sie nicht erkennen kann. Diejenigen, die sie nicht erreichen, werden durch den himmlischen Töpfer in Verwirrung gestürzt.[32]

Manchmal beschreibt Zhuangzi nicht den Übergang von einer niederen Form der Aktivität in eine höhere, sondern die Gleichzeitigkeit beider:

> Zu wissen, worin das Handeln des Himmels besteht: darüber hinaus gibt es nichts. Wer weiß, worin das Handeln des Himmels besteht, lebt dem Himmel gemäß. Wer weiß, worin [wirklich] das menschliche Handeln besteht, nährt das, was sein Bewusstsein erfasst, mit dem, was es nicht erfasst.[33]

Genau das tut ein Künstler, ein Musiker zum Beispiel, wenn er die Mittel, die er sich angeeignet hat und die er beherrscht, in den Dienst von Intuitionen und Emotionen stellt, über die er nicht Herr ist. Das tun wir mit der Sprache, wenn wir bei Gelegenheit in beseelter Weise sprechen.

Die schönste Formulierung allerdings, die man im *Zhuangzi* dazu findet, sind die folgenden vier Sätze von außerordentlicher Kürze und Klarheit:

> Zhuangzi sagt: Es ist leicht, den Weg zu kennen, und schwierig, nicht von ihm zu sprechen. Ihn kennen und nicht von ihm sprechen, dadurch erreicht man das Himmlische. Ihn kennen und von ihm sprechen, dadurch gerät man ins Menschliche. Die Alten hielten sich ans Himmlische, verfielen nicht dem Menschlichen.[34]

Um den Übergang von einer niederen in eine höhere Aktivität zu beschreiben, bedient sich

Zhuangzi an mehreren Stellen des Wortes *wang*, »vergessen«. Hier ein charakteristisches Beispiel:

> Einst befragte Yan Yuan den Konfuzius:
> Als ich eines Tages beim Tiefen Kelch den Fluss überquerte, lenkte der Fährmann sein Boot mit solch göttlicher Sicherheit, dass ich ihn fragte, ob man dies lernen könne. Ja, sagte er; ein guter Schwimmer lernt es sofort und ein Taucher würde es können, auch wenn er in seinem Leben noch nie ein Boot gesehen hätte. Ich wollte mehr erfahren, aber er fügte nichts hinzu. Erklären Sie mir bitte, was er damit meinte.
> Konfuzius antwortete: Ein guter Schwimmer lernt es sofort, weil er das Wasser *vergisst*.[35]

Er vergisst das Wasser, weil er es kennt. Er vergaß es, als er ein guter Schwimmer wurde. Das Vergessen geht mit der Meisterschaft einher. Es stellt sich ein, wenn Grundkräfte zu wirken beginnen und das Bewusstsein davon ablassen kann, die Vorgänge zu lenken, wie es das bis dahin tat, und sich dabei selbst vergisst. Ein bekannter Dialog, auf den ich weiter unten zurückkommen werde, beginnt wie folgt:

> – Ich mache Fortschritte, sagte Yan Hui.
> – Wie das?, fragte Konfuzius.
> – Ich vergesse die Güte und die Gerechtigkeit, antwortete Yan Hui.

– Gut so, bemerkte Konfuzius, aber das genügt nicht.

Als sie sich erneut trafen, sagte Yan Hui:

– Ich mache Fortschritte.

– Wie das? erkundigte sich Konfuzius.

– Ich vergesse die Riten und die Musik, erklärte Yan Hui.

– Gut so, bemerkte Konfuzius, aber das genügt nicht.[36]

Am Ende des Kapitels 16 findet sich dieser bemerkenswerte Ausruf Zhuangzis:

> Oh, würde ich nur einen Menschen kennen, der die Sprache vergisst, damit ich mit ihm reden könnte![37]

Bevor wir weiter, Zhuangzi folgend, die Formen der Aktivität untersuchen, drängt sich hier ein neuer Exkurs auf. In den Dialogen des Kochs, des Wagners und des Schwimmers beschrieb Zhuangzi leicht zu verstehende Aspekte unserer Erfahrung. In den Texten, die ich jetzt zitiere, lenkt er unsere Aufmerksamkeit auf Momente, die schwieriger zu beobachten sind. Die Übergänge von einer Form der Aktivität in die andere haben etwas Unfassbares, weil das Bewusstsein beim Übergang von der einen in die andere verschwindet und nicht Zeuge seines eigenen Verschwindens sein kann. Beim Einschlafen begegnen wir derselben Schwierigkeit: Wir können nicht als Zeugen unserem Hinabgleiten in den Schlaf beiwohnen. Die Übergänge, bei denen unser Bewusstsein nicht verschwindet, sondern sich verwandelt, sind diskontinuierlich. In diesen Fällen ist es ebenfalls ein schlechter Zeuge, oder ein vergesslicher Beobachter, sodass die westlichen Philosophen im Allgemeinen diesen Momenten des Umschaltens nicht Rechnung tragen. Sie bleiben außerhalb des Raumes ihrer Reflexion, der ihrer Auffassung nach vom Bewusstsein vollständig und gleichmäßig ausgeleuchtet werden muss. Zhuangzi ist ein Philosoph anderer Art. Ihn interessieren ganz besonders dieses Umschalten, diese Diskontinuität des Bewusstseins und die Paradoxien, die damit einhergehen. Er sucht darin so etwas wie eine *Elementarphysik der Subjektivität*. Man muss das erfasst haben, um ihn richtig zu lesen.

Mit welchem westlichen Autor könnten wir ihn in diesem Punkt vergleichen? Zunächst denke ich an zwei bemerkenswerte Texte von Kleist, zwei kurze Essays in Novellenform, *Über das Marionettentheater* und *Über die allmähliche Verfertigung der Gedanken beim Reden*. In der ersten der beiden Novellen erinnert sich der Erzähler an ein längst vergangenes Ereignis und macht sich Gedanken darüber. Er erinnert sich, wie er in Begleitung eines jungen Mannes von »wunderbarer Anmut« badete und dabei sah, wie dieser seinen Fuß genau in der Haltung des *Dornausziehers*, einer bekannten antiken Statue, auf einen Schemel stellte, sich dieser Ähnlichkeit gewahr wurde und den Erzähler schließlich auf sie hinwies. Der junge Mann warf einen Blick in den Spiegel, um die Ähnlichkeit zu überprüfen. Er versuchte darauf, die Pose erneut einzunehmen, aber es gelang ihm nicht mehr. Unschuld und Grazie waren verschwunden. Der Erzähler wird Zeuge davon, wie der junge Mann aus einer himmlischen Form der Aktivität in eine menschliche verfällt; und das gibt ihm zu denken. Er erinnert sich an einen anderen Vorfall, von dem er gehört hat, nämlich an das Duell zwischen einem Meister der Fechtkunst und einem Bären, der am Hofe eines litauischen Edelmanns zu diesem Zweck dressiert worden war. Dem Fechter gelang es nicht, das Tier zu besiegen, da es unmöglich durch Finten getäuscht werden konnte und der Bär mit einem Mindestaufwand an Energie reagierte, so dass der Mensch nicht gegen ihn ankam. Die Schlussfolgerung Kleists ist pessimistisch. Hat der Mensch einmal seine Naturhaftigkeit verloren, findet er sie nicht wieder. Das bestätigt sein Gesprächspartner, ein Tänzer, in dessen Begleitung er gerade einem Marionettentheater beiwohnt: Wenn Marionetten mit Kunst gehandhabt werden, dann tanzen sie besser als der vollkommenste Tänzer, denn sie folgen ganz den Gesetzen der Physik, ohne die Ziererei, der die Tänzer fast unweigerlich verfallen. Bären und

Marionetten handeln gemäß dem Himmel, hätte Zhuangzi gesagt.

Ich weiß nicht, ob eine Verbindung zwischen der pessimistischen Schlussfolgerung Kleists und seinem Selbstmord besteht, den er bald danach beging.[38] In der anderen, unvollendet gebliebenen Novelle beschreibt er auf bemerkenswerte Weise den Übergang von einer niederen in eine höhere Aktivität. Wenn man über ein Problem nachdenkt und keine Lösung findet, schreibt er, so spreche man mit jemandem darüber. Dadurch versetzte man sich in eine um vieles intensivere und komplexere Form der Aktivität, sodass sich die Lösung von selbst ergebe. Kleist scheint zwischen diesem Phänomen, das er so schön beschreibt, und den im *Marionettentheater* angesprochenen Erscheinungen keine Beziehung hergestellt zu haben. Zhuangzi wäre diese Beziehung nicht entgangen.

Wir finden bei einem deutschen Autor der vorangehenden Generation, Lichtenberg, einem besonders einfallsreichen und scharfsinnigen Geist, Überlegungen, die sich mit den hier besprochenen Themen treffen. »Es ist zum Erstaunen«, schreibt er in seinen *Sudelbüchern*, »was für mannichfaltige Stufen von Belehrung uns unsere Einrichtung gewährt, von der unerklärlichsten Ahnung bis zu den deutlichsten Einsichten des Verstandes. Es ist eine meiner Lieblingsbeschäftigungen, sie zu analysieren. Fast jeder Überlegung geht ein gewisses bestimmendes Gefühl vorher, das bei glücklichen

Gemütsbeschaffenheiten selten trügt, und das der Verstand nachher nur gleichsam ratifiziert. Die Tiere werden vielleicht bloß durch solche Ahnungen geleitet.«[39] Andernorts schreibt er: »Wir tun alle Augenblicke etwas, das wir nicht wissen, [die] Fertigkeit wird immer größer, endlich würde der Mensch alles ohne es zu wissen tun und im eigentlichen Verstand ein denkendes *Tier* werden. Vernunft nähert sich der Tierheit.«[40] Weiter unten: »Der Mensch kann sich Fertigkeiten erwerben und kann ein Tier werden, wo er will. Gott macht die Tiere, der Mensch macht sich selber.«[41]

Es scheint in der deutschen Empfindsamkeit jener Epoche günstige Voraussetzungen für solche Überlegungen gegeben zu haben. Es würde sich lohnen, nach dem Grund dafür zu suchen. Vermutlich würde das zu Fragen über gewisse Konstanten im deutschen Denken seit Luther oder seit noch früheren Zeiten führen. Luther zufolge können uns die Werke nicht rechtfertigen, solange es willentliche Akte sind. Die Erlösung kommt durch den Glauben, das heißt durch den Übergang in eine andere Form der Aktivität. Wenn sie da ist, entstehen die guten Werke aus ihr, ganz von selbst.[42] Ich skizziere diese Querbeziehung, um zu zeigen, dass Zhuangzi, der uns so leicht und munter scheint, an gewisse wesentliche Fragen der Theologie rührt. Er tut dies aus einer Perspektive, die für uns ganz ungewohnt und eben deshalb aufschlussreich ist. Seine Perspektive erlaubt es, glaube ich, viel deutlicher als die Theologie aufzuzeigen, dass das Grundproblem ein rein menschliches ist und als solches im Mittelpunkt jedweder Kultur steht. Der Mensch ist ein natürliches Wesen, das der eigenartigen Notwendigkeit unterworfen ist, sich Gewalt anzutun, um aus sich selbst ein gesellschaftliches Wesen zu machen, und das, wenn es dies vollbracht hat, die größte Mühe hat, die in ihm wirkenden Kräfte der Natur zu integrieren. Seine Subjektivität ist ihm selbst ein Rätsel.

Ich kehre zu Zhuangzis Denken zurück. Ich habe davon gesprochen, dass das Bewusstsein beim Übergang von einer niederen in eine höhere Form der Aktivität ganz verschwindet, teilweise verschwindet oder sich verwandelt. Ich habe mich bemüht, allen Möglichkeiten Rechnung zu tragen, denen wir in der Wirklichkeit begegnen. In den meisten Fällen muss beim Übergang von einer Form der Aktivität in eine andere das Bewusstsein auf irgendeine Weise erhalten bleiben, da wir andernfalls die Formen höherer Aktivität nicht von innen her kennen und nichts über sie aussagen könnten. Wie sonst sollte der Koch, zum Beispiel, vom »Wirken in den Dingen« sprechen, das ihn so sehr interessiert?

Wir berühren hier eine Dimension der Erfahrung, die wir in Betracht ziehen müssen, wenn wir Zhuangzis Denken ganz verstehen wollen. Den drei Etappen des Lernprozesses, die der Koch beschreibt, müssen wir eine vierte hinzufügen. Wenn wir eine Geste oder eine Folge von Gesten vollkommen integriert haben, beschränken wir uns bei ihrer Ausführung auf eine reduzierte Kontrolle, auf eine Art distanzierter Überwachung. Das Bewusstsein überlässt das Handeln dem Körper, löst sich von diesem Handeln und hält sich irgendwo darüber. Was ich den »Körper« nenne, kann so zahlreiche Handlungen vollführen, von denen manche äußerst komplizierte geistige Vorgänge einschließen, wie zum Beispiel die des Sprechens. Wenn sich das Bewusstsein auf diese Weise auf den »Körper« verlässt, wird es frei und kann sich anderem zuwenden, ohne dass dadurch die Handlung unterbrochen wird. Oft tun wir etwas und denken dabei an etwas anderes, oder träumen, während der Körper handelt. Aber in solchen Momenten kann sich das Bewusstsein auch der Tätigkeit zuwenden, die wir gerade ausüben, und sie von innen her beobachten.

Vorhin habe ich mich an den Tag erinnert, als ich Fahrrad fahren lernte. Ein Vorgang, der mir zunächst unmöglich schien, gelang plötzlich von selbst. Ich habe nie verstanden wie, sagte ich. Als ich jedoch ein geübter Radfahrer geworden war, habe ich oft mit Freude beobachtet, was in mir vorging, während ich meine Fahrkunst ausübte. Ich studierte auf meine Art das »Wirken in den Dingen«. Die Wahrnehmung dieses »Wirkens« wurde immer feiner, deutlicher, umfassender. Es handelt sich hier ganz zweifellos um eine Form der Erkenntnis – eine Form allerdings, die selten die Aufmerksamkeit der Philosophen auf sich gezogen hat. In solchen Momenten, würde ich sagen, ist das Bewusstsein zwar über die Tätigkeit des Körpers informiert, insbesondere durch das Selbstgefühl (Synästhetik) und das Bewegungsgefühl (Kinästhetik), aber hält sich in einer gewissen Distanz dazu, gleichsam in gelöster ironischer Betrachtung. Es wohnt einer Aktivität bei, die von selbst und mit Notwendigkeit abläuft. Meines Erachtens ist es dieses Erfahrungsmoment, das Zhuangzi durch das Verb *you* bezeichnet, das im Titel des ersten Buchs seines Werks erscheint[43] und im ganzen Werk eine besondere Bedeutung hat. Man übersetzt es üblicherweise mit »spazieren«, »wandern«, »frei herumziehen«, es hat aber auch die Bedeutung von »schwimmen«, worunter wir die Fähigkeit verstehen müssen, uns von den Strömungen und den Wirbeln des Wassers tragen zu lassen und uns dabei so frei zu fühlen, dass wir gleichzeitig alles wahrnehmen, was da vor sich geht. Im *Zhuangzi* ist *you* eng mit einem schauenden Gewärtigen der Aktivität verbunden.

Man hat oft von einem hypothetischen Einfluss des Schamanismus auf das Denken Zhuangzis gesprochen. Das Verb *you* kann sich tatsächlich auf die magischen Wanderungen der Schamanen beziehen, sodass ich eine solche Herkunft nicht ausschließen will. Ich bin aber davon überzeugt, dass Zhuangzi dem Begriff einen philosophischen

Sinn verleiht. In seiner besonderen Bedeutung bezeichnet *you* bei ihm die Form der Aktivität, in der unser Bewusstsein, aller praktischen Sorge entbunden, zum Betrachter dessen wird, was in uns vorgeht. Wir mögen an dieser besonderen Form der Aktivität mehr oder weniger Gefallen finden, wir können sie mehr oder weniger pflegen, aber jeder von uns kennt sie. Sie ist zweckfrei, kann aber auch von Nutzen sein. Sie ist von philosophischem Interesse, weil sich in ihr die Erkenntnis der Notwendigkeit mit einer Freiheit besonderer Art vereint, die der Schau der Notwendigkeit entspringt. Diese Form der Aktivität bildet den Mittelpunkt von Zhuangzis Denken – wie auch dem von Spinoza – und, mehr noch, den Mittelpunkt seiner Erfahrung. In diesem Sinne ist Zhuangzi ein Sehender. Nichts interessiert ihn mehr, als sich in dieses besondere Verhältnis zur eigenen Aktivität zu setzen und sich von innen her zu ihrem staunenden Zeugen zu machen. Daher die vielen *erschauten* Erscheinungen in seinem Werk.[44]

Nehmen wir zum Beispiel den Anfang eines Dialogs aus dem Kapitel 17. Dort finden wir den Determinismus, oder die Notwendigkeit, die der vom Bewusstsein unabhängigen Aktivität des Körpers innewohnt, und die Schau dieser Notwendigkeit vereint:

> Der Einfüßler beneidete den Tausendfüßler, der Tausendfüßler beneidete die Schlange, die Schlange beneidete den Wind, der Wind beneidete das Auge und das Auge den Geist.
>
> Der Einfüßer sagte zum Tausendfüßler: Ich komme nur mit Mühe voran, dahinhüpfend auf meinem Fuß. Wie schaffst du es, all die deinen zu bewegen?
>
> Der Tausendfüßler antwortete: Keineswegs! Hast du noch nie einen Menschen spucken sehen? Sobald er ausspeit, fallen unzählige Tropfen durcheinander ins Leere, die einen groß wie Perlen, die anderen fein wie ein Nebel. Genau so lasse ich meine Triebfeder wirken und weiß nicht, wie sie wirkt.
>
> Der Tausendfüßler sagte zur Schlange: Wie kommt es, dass ich mit all meinen Füßen weniger gut vorankomme als du, die du keine Füße hast?
>
> Die Schlange antwortete: Das ist die Wirkung der Triebfeder, die in mir ist. Ich kann an ihrem Wirken nichts ändern und komme sehr gut ohne Füße aus.[45]

Ich streife hier Themen, von denen jedes einer tiefergehenden Betrachtung würdig wäre. Ich tue dies, um das Verständnis eines besonders wichtigen Dialogs vorzubereiten, der zunächst noch verwirrender scheint. Alle bisher angesprochenen Themen finden sich darin in subtiler Weise artikuliert. Der Leser weiß aber inzwischen genug Bescheid, glaube ich, um dessen Wegen und Umwegen folgen und dessen Bedeutung erfassen zu können.

Es handelt sich um den letzten Teil eines längeren Dialogs, der sich im Kapitel 22 befindet. Es sprechen vier Figuren miteinander. Sie heißen Große Reinheit, Ohne Ende, Tut Nichts und Ohne Anfang. Große Reinheit stellt Ohne Ende eine Frage, richtet dann die gleiche Frage an Tut Nichts und berichtet schließlich Ohne Anfang von seinem Austausch mit Tut Nichts, und diskutiert mit ihm darüber. Am Ende bleibt er allein zurück und zieht seine Schlüsse. Natürlich könnte meine Übersetzung in Frage gestellt werden. Ich übersetze dieses Mal *zhi* nicht durch »wahrnehmen«, sondern durch »kennen« (»kennst du den Weg?«). Ich tue es ungern, aber weiß nicht, wie ich es hier anders machen sollte. Ich übersetze *dao* durch »Weg«, aber gemeint ist das »Wirken in den Dingen«, von dem der Koch sprach, also unsere Aktivität, wenn sie zur vollen Entfaltung kommt und somit in Zhuangzis Worten »himmlisch« wird. Zwei Ansichten stehen sich im Dialog gegenüber. Der Disput bleibt unentschieden, weil paradoxerweise beide Auffassungen richtig sind. Einerseits ist es wahr, dass man die höheren Formen der Aktivität durch diskursive Mittel weder selbst begreifen noch begreiflich machen kann. Es ist wahr, dass diese Form von Aktivität außerdem mit einer

Art Unbewusstheit einhergeht, da der Handelnde sie in gewissem Sinne selbst nicht kennt. Um von ihr zu sprechen, und sei es nur, um zu sagen, dass er sie nicht kennt, muss er sie einstellen und aus ihr heraustreten. Doch ist es andererseits ebenso wahr, dass man diese höhere Form der Aktivität auch kennen kann. Man kennt sie dadurch, dass man die Meisterschaft bis an den Punkt treibt, wo das Bewusstsein zum losgelösten, schauenden Betrachter der Aktivität wird. Es nimmt dann die Aktivität des Körpers und gleichzeitig die äußere Realität wahr, auf die diese Aktivität wirkt. Auf den ersten Blick mag dieser Dialog als eine Ausgeburt wilder Fantasie anmuten, aber er beschreibt getreu die Erfahrung dessen, was ich das »unendlich Nahe und fast Unmittelbare« genannt habe. Er ist paradox, weil er ein unserer Subjektivität innewohnendes Paradox ausdrückt:

> Große Reinheit fragte sodann Ohne Ende: »Und du, kennst du den Weg?« – »Ich kenne ihn nicht«, antwortete Ohne Ende.
> Große Reinheit richtete die gleiche Frage an Tut Nichts. »Ich kenne ihn«, sagte Tut Nichts. – »Hast du eine Methode, um ihn zu erkennen?« – »Ja.« – »Welche Methode?« Tut Nichts erklärte: »Ich sehe, wie er hebt und senkt, wie er bindet und auflöst: so erkenne ich ihn.«
> Große Reinheit berichtete dies Ohne Anfang und fragte ihn: »Aber wer hat nun recht? Wer

unrecht? Ist es Ohne Ende, der den Weg nicht kennt? Oder ist es Tut Nichts, der ihn kennt?« Ohne Anfang antwortete ihm: »Ihn nicht zu kennen, ist tiefgründig; ihn zu kennen, ist ein Mangel an Tiefe. Ihn nicht zu kennen, heißt in ihm verweilen; ihn zu kennen, heißt außer ihm sein.« Große Reinheit hob die Augen zum Himmel und seufzte: »Ihn nicht zu kennen, ist also Erkenntnis, ihn zu kennen, ist also Unkenntnis! Wer aber kennt diese Erkenntnis, die nicht kennt?« Ohne Anfang sagte: »Der Weg ist unhörbar; was du hörst, das ist er nicht. Er ist unsichtbar; was du siehst, das ist er nicht. Man kann nicht von ihm sprechen; wovon man spricht, das ist er nicht. Verstehst du denn nicht, dass das, was die Formen hervorbringt, keine Form hat? Der Weg hat keinen Namen.«
Ohne Anfang fügte hinzu: »Einer, der antwortet, wenn man ihn über den Weg befragt, der kennt ihn nicht. Man mag fragen, aber man wird nichts über den Weg erfahren. [Denn] zum Weg gibt es kein Fragen und kein Antworten. Wer trotzdem Fragen stellt, stellt Scheinfragen und wer trotzdem Antworten gibt, stellt sich außerhalb [des Weges]. Wer sich außerhalb des Weges stellt und Scheinfragen beantwortet, der wird das All um sich herum nicht sehen und innen den großen Ursprung nicht wahrnehmen. Er wird sich nicht über den Berg Kunlun erheben, er wird nicht in der großen Leere schweifen.«[46]

In diesem letzten Satz scheint Zhuangzi von der Beschreibung zum lyrischen Erguss überzugehen. Doch dem ist nicht so. Sogar der Höhenflug über den mythischen Berg Kunlun hinaus und das Schweifen in der großen Leere beschreiben konkrete Momente der Erfahrung. Ich werde darauf zurückkommen, wenn ich die Frage der Leere behandle.

Beachten wir kurz die Form der Texte, die ich bisher zitiert habe. Es ist offensichtlich geworden, denke ich, dass wir ihre Form aufmerksam untersuchen müssen, um ihren Inhalt zu erfassen, und dass wir, umgekehrt, ihren Inhalt verstehen müssen, um ihre Form vollauf würdigen zu können. Die gegenseitige Entsprechung beider ist meist bemerkenswert. Wir entdecken mit Erstaunen, dass solch lebhafte, kurze Texte Fragen betreffen, die man heutzutage meist auf eine abstrakte, schwerfällige und langwierige Weise abhandelt. Aber eignet sich das behutsame und systematische Vorgehen der heutigen Philosophen dafür besser? Bringt es die Sache besser zum Ausdruck? Vielleicht für Intellektuelle, die es gewohnt sind, Hunderte von schwerverständlichen Seiten zu lesen, sicherlich nicht für gewöhnliche Sterbliche. Aber die Kürze und Kraft dieser Texte haben einen Preis. Wir müssen die Prosa Zhuangzis erst lesen lernen. Wir brauchen Zeit, um ihre wirkliche Reichweite zu ermessen und ihre Besonderheit zu erfassen. Diese Besonderheit scheint mir darin zu liegen, dass Zhuangzi *an nichts glaubt*. Seine Sprache ist nie durch den Glauben an eine höhere Wirklichkeit gebunden, der die Freiheit und Würde seiner Rede auch nur im Geringsten einschränken könnte.

Man begegnet im *Zhuangzi* einer erstaunlichen Vielfalt von Textgattungen: lapidare Fragmente, theoretische Ausführungen, Monologe, Dialoge, Dialogfolgen wie die eben zitierte, kurze und lange Erzählungen, Satiren, Parodien. Manche Texte lassen sich überhaupt nicht einordnen. Zum Beispiel die folgende, seltsame Erzählung. Sie ist ganz kurz:

> Der Gelbe Kaiser begab sich eines Tages nördlich des Roten Flusses, bestieg den Berg Kunlun und umfasste mit seinem Blick den Süden. Nach Hause zurückgekehrt bemerkte er, dass er seine dunkle Perle verloren hatte. Er beauftragte Erkenntnis, sie suchen zu gehen, aber es war umsonst. Er entsandte Scharfblick, der unverrichteter Dinge zurückkehrte. Er entsandte Disput, der sie ebenso wenig fand. Schließlich entsandte er Ohne Nichts, welcher sie fand. »Seltsam«, sagte er sich, »dass es Ohne Nichts war, der sie wiederfand!«[47]

Dieser Text scheint zunächst völlig undurchdringlich. Er mutet an wie ein Mythos unbekannter Herkunft, der durch Zufall hier gestrandet ist und den der Philosophiegeschichtler, sich auf das Prinzip der Interdisziplinarität berufend, getrost seinen Kollegen, den Ethnologen oder Anthropologen, überlassen kann. So möchte ich aber nicht vorgehen. Lesen wir aufmerksam, versuchen wir die Resonanzen wahrzunehmen, die in jedem Wort mitschwingen.

Der Gelbe Kaiser ist eine legendäre Figur, die zur Zeit des Zhuangzi an Bedeutung gewinnt und aus der spätere Ideologen den Schutzpatron der imperialen Macht machen werden. Weil er gelb ist, versteht es sich von selbst, dass sich sein Platz im Zentrum befindet. Eines Tages aber, so sagt uns der Text, begibt er sich nördlich des Roten Flusses, besteigt den Berg Kunlun und umfasst mit seinem Blick den Süden. Dieser Anfang hat einen verborgenen Sinn.

Im alten China wurde die Idee der Herrschaft durch die Beziehung von oben und unten, aber auch von Norden und Süden ausgedrückt. Idealerweise thront der Souverän im Norden und überschaut die Welt, die sich gen Süden ausdehnt. Diese räumliche Anordnung findet sich überall dort wieder, wo sich eine Autorität rituell manifestiert. Ob Herrscher, Beamter, Familienoberhaupt, Ahne oder Gottheit: derjenige, der die Autorität innehat, sitzt im Norden und sieht seine Untergebenen oder Nachkommen von Süden her kommen und sich gen Norden verbeugen. Die Architektur der Paläste, der Residenzen, der einfachen Behausungen, aber auch die von Tempeln und Grabstätten ist solcherart angeordnet, dass sich diese so orientierte Ehrung darin vollziehen lässt. Seit ältester Zeit hat das Wort *bei*, »den Rücken zuwenden«, dazu gedient, den Norden zu bezeichnen. Noch heute sind *bei*, »der Rücken«, und *bei*, »der Norden«, zwei phonetisch und graphisch verwandte Wörter. Im alten China ist diese Orientierung so bedeutsam, dass der Ausdruck *nanmian*, »nach Süden schauen«, die Bedeutung von »regieren« hat.

Indem er sich nördlich des Roten Flusses begibt, den Berg Kunlun besteigt und mit seinem Blick den Süden umfasst, sucht der Herrscher also die Welt in Besitz zu nehmen. Das ist für jemanden, der bereits Herr der Welt ist, ein seltsames Unterfangen. Er verlässt die Mitte, von der aus er auf natürliche Weise seinen Einfluss ausübt, um sich über die Welt zu stellen und sie von außen zu beherrschen. Seltsamerweise hat diese Tat aber keine weitere Folge. Es scheint vielmehr, dass es sich um eine momentane Verirrung handelt, für die der Kaiser büßen muss. Nach seiner Rückkehr bemerkt er nämlich, dass er seine schwarze Perle verloren hat. Was sie ist, wird uns nicht erklärt, aber wertvoll muss sie sein, da der Herrscher sich wegen ihres Verlustes Sorgen macht. Es handelt sich um ein kaum sichtbares Juwel. Auch scheint der Besitz dieses Juwels mit dem Wunsch zu herrschen unvereinbar zu sein, denn der Kaiser bemerkt sein Verschwinden gleich nach der Rückkehr von seiner verfehlten Eskapade. Offensichtlich handelt es sich um einen wesentlichen Verlust, da er nacheinander Erkenntnis, Scharfblick und Disput damit beauftragt, das verlorene Objekt wiederzufinden. Durch sein Verfehlen ist der Gelbe Kaiser in die menschliche Form der Aktivität gefallen – in die des intentionalen Bewusstseins, der Verdinglichung, des Unterscheidens und Räsonierens. Nachdem die drei Boten unverrichteter Dinge zurückgekehrt sind, wendet er sich an Ohne Nichts, *wangxiang* (oder *xiangwang*), wörtlich: »das Vergessen der Phänomene«. Dieser vierte Bote vergisst die Phänomene, die unser Geist willkürlich voneinander unterscheidet – denn unser Geist besitzt eben dieses Unterscheidungsvermögen – und die er für reale Objekte hält, solange er dieses Vermögens nicht gewahr wird. Ohne Nichts lässt sich von diesen erdachten Phänomenen nicht beirren, er vergisst sie.

Das Ende ist wundervoll. »Seltsam«, sagt sich der Gelbe Kaiser, »dass es Ohne Nichts war, der die Perle wiederfand!« Das einzige gesprochene Wort in dieser Erzählung drückt das Erstaunen des Kaisers angesichts dieser unerklärlichen Wiederherstellung aus. Er spricht zu sich selbst, was bedeutet, dass er alleine ist. Er hat nichts mehr von einem Kaiser an sich. Seine momentane Anwandlung ist vorbei.[48]

Wir dachten, wir hätten es mit einem unergründlichen Mythos zu tun, aber wir stehen vor einem Meisterwerk des Scharfsinns, der Ironie und der kalkulierten Unheimlichkeit. Hier noch einmal:

> Der Gelbe Kaiser begab sich eines Tages nördlich des Roten Flusses, bestieg den Berg Kunlun und umfasste mit seinem Blick den Süden. Nach Hause zurückgekehrt bemerkte er, dass er seine dunkle Perle verloren hatte. Er beauftragte Erkenntnis, sie suchen zu gehen, aber es war umsonst. Er entsandte Scharfblick, der unverrichteter Dinge zurückkehrte. Er entsandte Disput, der sie ebensowenig fand. Schließlich entsandte er Ohne Nichts, welcher sie fand. »Seltsam«, sagte er sich, »dass es Ohne Nichts war, der sie wiederfand!«

Am Anfang dieses Kapitels habe ich zunehmend schwierige und verwirrende Texte angekündigt, die Momente unserer Erfahrung beschreiben, die uns meist entgehen. Nun möchte ich zeigen, wie Zhuangzi uns in einer Apologie der Verwirrung dazu einlädt, aus unserer Erfahrung – des unendlich Nahen und fast Unmittelbaren – einen Nutzen zu ziehen, an den wir gewöhnlich nicht denken.

Eine Apologie der Verwirrung

Ich betrachte Zhuangzi als einen Philosophen, der beobachtet und zu uns sagt: Das und das geschieht, so und so gehen die Dinge vor sich, solcherart ist das »Wirken«, das ihnen innewohnt. Er richtet sein Augenmerk auf die Formen der Aktivität und auf das Umschalten von der einen in die andere. Oft handelt es sich dabei um den Übergang zu einer höheren Form der Aktivität. Wenn sich plötzlich eine Form von gesteigerter, ganzheitlicher und spontaner Aktivität einstellt, spricht Zhuangzi vom Vergessen, *wang*. Dem Anschein nach vergisst dann das Bewusstsein, seine Kontrolle auszuüben, und vergisst sich dabei selbst. Ich habe in diesem Zusammenhang schon einmal den Anfang eines Dialogs zitiert, den ich jetzt erneut und im Ganzen wiedergebe.

– Ich mache Fortschritte, sagte Yan Hui.
– Wie das?, fragte Konfuzius.
– Ich vergesse die Güte und die Gerechtigkeit, antwortete Yan Hui.
– Gut so, bemerkte Konfuzius, aber das genügt nicht.
Als sie sich erneut trafen, sagte Yan Hui:

– Ich mache Fortschritte.
– Wie das?, erkundigte sich Konfuzius.
– Ich vergesse die Riten und die Musik, erklärte Yan Hui.
– Gut so, bemerkte Konfuzius, aber das genügt nicht.
Als sie sich erneut begegneten, sagte Yan Hui:
– Ich mache Fortschritte.
– Wie das?, fragte Konfuzius.
– Ich sitze im Vergessen, antwortete Yan Hui.
– Was willst du damit sagen?, fragte Konfuzius neugierig.
– Ich lasse meine Gliedmaßen fahren, entlasse Blick und Gehör, verlasse Körper und Bewusstsein und bin vollkommen gelöst. Das nenne ich im Vergessen sitzen.
Da erklärte Konfuzius: Wenn du alle Fesseln los bist, hast du keine Vorlieben mehr. Wenn du allen Verwandlungen der Wirklichkeit folgst, bist du völlig unbefangen. Du bist ein Weiser geworden. Erlaube, dass ich, Qiu, nun dein Schüler werde.[49]

Es handelt sich wiederum um einen Lernprozess. Mit jeder Etappe geht eine Stufe des Vergessens einher. Yan Hui vergisst die Güte und die Gerechtigkeit, weil er sie verinnerlicht hat und sie ihm zur zweiten Natur geworden sind. Er vergisst die Musik und die Riten, weil er sie vollkommen beherrscht und sie ihm zu natürlichen Ausdrucksmitteln geworden sind.[50] Er scheint das Ideal erreicht zu haben, das Konfuzius, seinen *Gesprächen* nach zu urteilen, vorschwebte. Aber Konfuzius ist erstaunlicherweise noch nicht zufrieden. Bei der dritten Begegnung ereignet sich eine Umkehrung. Als Yan Hui seinem Meister mitteilt, dass er nun fähig sei, »im Vergessen zu sitzen«, *zuowang*, wird der Meister von Neugier erfasst, denn er kennt diesen Ausdruck nicht und bittet um eine Erklärung. Der Schüler gibt eine kurze, aber genaue und vollständige Beschreibung dessen, was in ihm vorgeht, wenn er sich dieser Übung hingibt. Da erkennt Konfuzius in ihm seinen Meister und bittet ihn demütig darum, sein Schüler werden zu dürfen. Er drückt seine Demut dadurch aus, dass er sich selbst bei seinem Vornamen, Qiu, nennt.

Wie fast immer im *Zhuangzi* wird auch hier die Dialogform in den Dienst einer Dramaturgie gestellt. Ihr Ziel ist es, eine Umkehrung zu veranschaulichen. Um diesen und ihm ähnliche Texte wirklich zu verstehen, muss man die Stärke dieses Vorgehens wahrnehmen. In *The Art of Biblical Narrative* hat Robert Alter die meisterhafte Erzählkunst aufgezeigt, wie sie die ältesten biblischen Autoren an den Tag legen.[51] Ihre Erzählungen sind so dicht, sagt er, sie gehen mit ihren Mitteln so sparsam um, dass wir ihren Reichtum heute nicht mehr erkennen. Das kommt oft daher, dass die Übersetzer sie nicht in ihrer ganzen Subtilität wiederzugeben verstanden. Zur Hauptsache liegt es aber daran, dass wir zu schnell lesen, während diese Texte eine Gemächlichkeit, eine Empfänglichkeit und eine Aufmerksamkeit für jede Einzelheit erfordern, die wir erst wieder erlernen müssen. Diese Bemerkungen gelten auch für das *Zhuangzi*. Robert Alter zeigt zudem, dass die literarische Analyse oft einen verlässlicheren, weniger spekulativen Zugang zu diesen alten Texten verschafft als die Geschichtswissenschaft, die Archäologie und die historisch-kritische Exegese. Er zeigt, dass die Erzählung, und besonders die dialogische Erzählung, eines der wirksamsten Mittel ist, das wir haben, um unsere Auffassung der menschlichen Erfahrung auszudrücken, und dass die Fiktion in dieser Hinsicht ein hervorragendes Mittel der Erkenntnis darstellt. Es ist kein Zufall, dass Zhuangzi sich so oft der dialogischen Erzählung bedient, denn was ihn interessiert, sind weniger die Ideen selbst, als deren Auswirkungen, als das treffende Wort, das eine Veränderung bewirkt – das zum Beispiel den Übergang vom Unverständnis zum Verstehen auslöst oder umgekehrt. Oft stellt sich eine dramatische Veränderung ein, weil die Personen, die sich in seinen Dialogen begegnen, sich nicht in derselben Form der Aktivität befinden oder weil eine der beiden eine Form der Aktivität kennt, von der die andere keine Ahnung hat.

Dass Zhuangzi ein solches Gefallen an Dialogen zwischen ungleich fortgeschrittenen Personen hat, lässt mich vermuten, dass er selbst in den Künsten geübt war, vielleicht in denen der Riten und der Musik. Er könnte eine ritualistische, also konfuzianische Ausbildung erhalten haben. Einen Hinweis dafür sehe ich (unter anderem) in seiner Nähe zur Person des Konfuzius, die er immer mit zarter Ironie behandelt. Im *Zhuangzi* erscheint Konfuzius als der beste aller Pädagogen, weil er stets selber lernt. Er ist ein Philosoph im Sinne Platons: einer, der nach Weisheit strebt. Diese enge Beziehung Zhuangzis zum konfuzianischen Ritualismus ist ein Zug seines Denkens, der bisher vernachlässigt worden ist, weil man ihn immer unter die Taoisten einreihte.[52]

Aber kehren wir zu unserem Dialog zurück. Er hat etwas Verwirrendes. Wir verstehen zwar, dass das Vergessen von Güte und Gerechtigkeit, dann das Vergessen von Riten und Musik, dem Voranschreiten in ein und demselben Lernprozess entsprechen. Schwerer zu verstehen ist für uns aber, wie das »Sitzen im Vergessen« als eine weitere Stufe in demselben Lernprozess gelten soll. Güte und Gerechtigkeit zeigen sich in den Beziehungen zu anderen. Die Riten und die Musik sind praktische Tätigkeiten. Wenn er »im Vergessen sitzt«, scheint sich Yan Hui hingegen von der äußeren Welt und den anderen abzukehren und sich völlig zu verschließen. Er scheint von der Aktivität in eine völlige Inaktivität überzugehen. Doch weder Yan Hui noch Konfuzius oder Zhuangzi sehen die Sache so. Sie sehen in dieser neuen Veränderung keinen Bruch mit dem Vorhergehenden, sondern die natürliche Fortsetzung und Vollendung der beschriebenen Progression. Für sie versteht es sich von selbst, dass die Unbewegtheit, wenn sie recht geübt wird, den Zugang zu einer höheren Form der Aktivität verschafft, und sie haben guten Grund dazu. Die Schwierigkeit liegt bei uns. Wir folgen ihnen nicht, weil wir weder die Vorstellung noch die Erfahrung dieser höheren Form der Aktivität haben. Aber nichts hindert uns daran, sie für uns selbst zu erkunden. Nichts ist einfacher, als innezuhalten und bewegungslos zu bleiben. Jeder kann es versuchen. Er wird anfänglich auf gewisse Schwierigkeiten stoßen, die aber leicht zu überwinden sind.

Henri Michaux berichtet über einen Versuch solcher Art. Es handelt sich um »Survenue de la contemplation«, enthalten im Band *Face à ce qui se dérobe*[53]. Er beginnt folgendermaßen. Henri Michaux hört Musik:

> In dem, was ich hörte, stieß ich auf eine Bewegung, die der meinen entgegenlief. Ich hielt sie an.
> … von der Welt der anderen war nichts mehr zu hören. Fort war die Musik. Es blieb die Stille. Ich bewegte mich nicht, überhaupt nicht.
>
> Eine Funktion wollte nicht mehr funktionieren. Das war es. Mehr sah ich nicht. Vielleicht war ich gescheitert, aber ich wusste es nicht.

… da kam das Denken wieder. Nicht wie gewöhnlich. Unvorstellbar umfassend. Weit war, was es vor sich sah, immer weiter, von ungekannter Weite. […]

Etwas später:

Es gab da ein Schauen.
Eine grenzenlose, völlig geklärte Schau war mir zur Betrachtung dargeboten.
Ein Ausblick, sehr viel weiter als bei mir üblich, mit mehr Dingen darin, von größerer Bedeutung, einander vollkommen entsprechend …

Wie kam das?
Ich ruhte. Erste Bedingung. Als Erstes die Ruhe. Nicht eine Ruhe, die nur Abwesenheit von Bewegung gewesen wäre und bald zur Schläfrigkeit geführt hätte, wodurch ich alles verloren hätte, sondern eine tiefere Ruhe, in der man den Verlust jeglichen Eingriffs hinnimmt.
Nichts wird mehr festgehalten. […]

Nach und nach werden die Bedingungen dieser großen Stille deutlich:

Wach sein und in höchstem Grade *unbeteiligt*. […] Ohne damals auch nur im Geringsten darüber nachdenken zu können, fühlte ich, dass diese Bedingung entscheidend war. Es ist

> verboten (ja unmöglich, wenn man nicht alles vereiteln will), auch nur im Geringsten einen gedanklichen Inhalt festhalten zu wollen, sich auch nur einen Augenblick dabei aufzuhalten oder ihn abzubremsen; überhaupt auf die eine oder andere Art etwas zu behalten, um den Ansatz einer zukünftigen Erinnerung zu sichern. In diesem Schauen gibt es keine Anhaltspunkte. Schauen; aber ja nicht untersuchen. […]

Etwas später:

> Dann aber setzte das Gefallen an einem Gedanken ein. Da war es wieder, das war mein Ich – (…) die Schliche der Neugier waren wieder da, das geistige Naschen, die Lust sich einzumischen, das Erwachen des urteilenden Organs, das sich hervortut und laufend seinen Kommentar zum Besten gibt. […]

Aber schließlich findet eine Vertiefung statt:

> Reich der Stille. Damals war ich drin.
> Wirklich. […]
> Gesteigert, neu, ganz.
> Stille des Wesentlichen.
> Rückkehr in den Grund.
> Das Unnütze, endlich vertrieben. […]
>
> Größe war da, unvergleichlich. […]

In einer langen Anmerkung, die auf diesen Bericht folgt, gibt Henri Michaux einige Empfehlungen:

> Allein, ohne ein Wort – Worte legen fest. Man muss im Unbestimmten verweilen. […]
> Ohne sich zu regen.
> Unbewegt. Ohne seine Haltung zu verändern (man nehme eine an, die man lange beibehalten kann, beliebig lange, gewählt nach den eigenen Schwächen und Kräften). Und halte sich daran.
>
> Ohne Gelüste, ohne Interesse für irgend ein Kommendes, das einen, wenn auch noch so vage, in Bewegung setzen, in eine Bahn leiten, auf eine Handlung vorbereiten würde – denn Zukunft ist Handlung, ist Vorbereitung.
> Wenn man nicht mehr voraussieht, verschwindet die Zukunft, sie wird nicht mehr wahrgenommen. Diese Dimension fällt weg. […]
>
> Nach einer kurzen, unerlässlichen gedanklichen Übung, durch die man die verbliebenen Erinnerungen los wird, weise man jedes Erinnern von sich ab. Man entledige sich so weit wie möglich der Vergangenheit. Denn der Feind ist vor allem und immer das Kommende: das Verlangen nach Ablenkung, die zahllosen Gelüste nach Veränderung – Veränderung in der Körperhaltung, in der Beschäftigung, im Denken, die sofort eine kleinliche, lose Verlänge-

> rung nach sich zieht, die Kommendes herbeiruft, ein Nächstes, das wiederum Nächstes heraufbeschwört [...]
>
> Nicht-Aktivität, Nicht-Teilnahme an der Zeit durch Aufhebung jeglicher Bewegung, jeglicher Handlung (Sorge, gedankliche Beschäftigung sind Handlungen, und zwar die schädlichsten, weil sie sich zugleich und ganz vergeblich in der Vergangenheit und in der Zukunft aufhalten). [...]
>
> Wie erstaunlich wichtig, die Aufhebung der kleinen Körperbewegungen.
> Bescheidener Beginn mit unübersehbaren Folgen.
> Der anhaltende Widerstand gegen die Bewegungslust führt ins Zeitlose. [...]

Dieser Bericht ist besonders wertvoll, weil er sich an die Beschreibung der Erfahrung hält. Henri Michaux hat mit größter Sorgfalt vermieden, philosophische oder religiöse Begriffe darin einfließen zu lassen. Er hält sich fern von allgemeinen Ideen, Dogmen und Glaubensvorstellungen. Er hat sich gewisser Drogen bedient, um schneller voranzukommen, was aber die Tragweite seiner Beschreibung in keiner Weise verringert. Mit etwas Übung kommt man ohne dieses Hilfsmittel zum selben Resultat. In der Beschreibung eben dieser

Erfahrung enthält sich auch Zhuangzi jeglicher Bezugnahme auf Glaubensvorstellungen irgendwelcher Art. Er beschreibt präzise eine Form der Aktivität. Wie Henri Michaux es in anderen Schriften, vornehmlich in seinen Arbeiten zum Meskalin und anderen Drogen[54] getan hat, so bringt auch Zhuangzi diese Form der Aktivität in Beziehung zu anderen, gewohnteren Formen.

Im hier gegebenen Rahmen kann ich die Beschreibung Zhuangzis nicht im Detail kommentieren. Dazu müsste man den chinesischen Text und meine Übersetzung bis ins Einzelne besprechen. Ich habe mich einerseits genau an die Grenzen des lexikalisch und syntaktisch Erlaubten gehalten. Andererseits habe ich mich auf die im Text beschriebene Erfahrung gestützt, besonders in dem von Yan Hui geäußerten letzten Satz und der Replik von Konfuzius: »Ich lasse meine Gliedmaßen fahren, entlasse Blick und Gehör, verlasse Körper und Bewusstsein und bin vollkommen gelöst. Das nenne ich im Vergessen sitzen. – Wenn du alle Fesseln los bist, hast du keine Vorlieben mehr, entgegnet Konfuzius. Wenn du allen Verwandlungen der Wirklichkeit folgst, bist du völlig unbefangen. Du bist ein Weiser geworden. Erlaube, dass ich, Qiu, nun dein Schüler werde.« Ich beschränke mich auf eine einzige Bemerkung zu dieser Antwort des Konfuzius. Weil Yan Hui »keine Vorlieben mehr hat« und nunmehr »völlig unbefangen ist« (dem Gesetz der zwanghaften Wiederholung nicht mehr unterworfen), wird er in jeder Situation auf richtige und notwendige Weise handeln können. Wenn er »im Vergessen sitzt«, verlässt Yan Hui das Handeln, aber er tut es, um gegebenenfalls handeln zu können. Und er wird in überlegener Weise handeln, weil »er den Verwandlungen der Wirklichkeit folgt«, weil er jederzeit die Gesamtheit der gerade vor sich gehenden Verwandlungen wird erfassen können. Die dritte Stufe seiner Progression ist also durchaus eine Steigerung der beiden vorangegangenen. Möglicherweise hat Zhuangzi die ritualistischen Kreise, denen er wohl entstammte, für beschränkt gehalten, weil sie diese höhere, dritte Stufe nicht kannten und deshalb weder die zweite noch die erste richtig verstehen konnten.

Yan Hui hat uns über die inneren Wirkungen der Ruhe belehrt. Nun folgen die Wirkungen, die sie auf Außenstehende ausübt. Die folgende Szene ist ein Auszug aus einer längeren Erzählung. Erneut beweist Zhuangzi seinen Sinn für Dramaturgie:

> Konfuzius stattete Lao Dan (i. e. Laozi) einen Besuch ab. Lao Dan hatte sich gerade die Haare gewaschen und ließ sie trocknen, über seine Schultern ausgebreitet. Er saß unbewegt da und wirkte nicht wie ein menschliches Wesen. Konfuzius verbarg sich und wartete. Dann ging er [trotzdem] hin und sagte: »Ich weiß nicht, ob ich

meinen Augen trauen darf. Vorhin waren Sie wie ein abgestorbener Baum, als hätten Sie die Dinge vergessen und die menschliche Welt verlassen, als hielten Sie sich in völliger Abgeschiedenheit.« Laozi antwortete: »Ich trieb mich beim Beginn der Dinge herum.« Konfuzius: »Was wollen Sie damit sagen?« Laozi antwortete: »Es handelt sich um etwas, das unser Geist nicht zu fassen vermag, vor dem wir sprachlos bleiben. Aber ich will doch versuchen, dir eine gewisse Vorstellung davon zu vermitteln [...].«[55]

Der englische Sinologe A. C. Graham hat die Hypothese aufgestellt, dass solche von Zhuangzi ersonnenen Szenen einen Unbekannten auf die verschlagene Idee gebracht haben könnten, das Werk des Laozi, das *Buch vom Weg und der Tugend*, zu verfassen.[56] Ein solches Bravourstück wäre in zweifacher Hinsicht meisterlich gewesen: Indem er seine eigenen Ideen einer Figur zuschreibt, welcher Zhuangzi Prestige verliehen hatte, sorgt dieser anonyme Autor für ihre Verbreitung. Zudem verleiht er ihnen eine gesteigerte Autorität, indem er sie einer Figur zuschreibt, die zur Zeit des Konfuzius gelebt haben soll und diesem an Weisheit überlegen war, da Konfuzius sich laut der Tradition wiederholt zu ihr begeben musste, um ihren Rat einzuholen. Diese Hypothese erscheint mir vollkommen plausibel.[57]

Betrachten wir nun die Szene. Konfuzius überrascht Laozi in seinem Privatleben: Er hat sich eben die Haare gewaschen und lässt sie in der Sonne trocknen. Sein Haar ist lose ausgebreitet, wie das des Schwimmers, ein Zeichen dafür, dass diese beiden Menschen am Rande der Gesellschaft leben. Laozi scheint mit der Übung der Ruhe vertraut. Er nutzt die kurze Zeit, die die Haare zum Trocknen brauchen, um sich kurz zu versenken. Beachtenswert ist vor allem die Wirkung, die seine Unbewegtheit auf Konfuzius hat. Zhuangzi beschreibt getreu den Eindruck, den eine solche Unbewegtheit tatsächlich erzeugt. Wenn eine Person unbewegt »im Vergessen sitzt«, wenn sie alle Bewegungen ihres Körpers einstellt, hebt sie damit die Körpersprache auf. Sie hebt die subsprachliche Mitteilung auf, die das dauernde Substrat unserer zwischenmenschlichen Beziehungen, ja des gesamten gesellschaftlichen Lebens bildet. Das bewirkt ein Befremden, das der Text gut beschreibt: Laozi »saß unbewegt und wirkte nicht wie ein menschliches Wesen«, heißt es. Die Erfahrung bezeugt auch, dass die Unbewegtheit des Einen die Unbewegtheit des Andern bewirkt. Wenn wir einen Reiher beim Anstand auf Fische oder eine Katze beim Auflauern einer Feldmaus beobachten, stellen wir unsere Bewegungen ein und werden selbst zu Schauenden. Wir sind von dem Geschehen, das sich darbietet, ganz ergriffen.[58]

Genau das ereignet sich hier. Konfuzius hält inne, verbirgt sich und wartet. Dann nähert er sich

Laozi und spricht ihn an. Käme er nicht aus seinem Versteck hervor, so fände der Dialog nicht statt. »Ich weiß nicht, ob ich meinen Augen trauen darf«, sagt er. »Vorhin waren Sie wie ein abgestorbener Baum, als hätten Sie die Dinge vergessen und die menschliche Welt verlassen, als hielten Sie sich in völliger Abgeschiedenheit«. Diese Sätze sind bemerkenswert, denn sie beschreiben sowohl die Erscheinung der Person, die »im Vergessen sitzt«, als auch das, was sie selbst in dieser Form der Aktivität empfindet. Die Antwort ist noch bemerkenswerter: »Ich trieb mich beim Beginn der Dinge herum«, erwidert Laozi. Da Konfuzius dies nicht versteht, erklärt er ihm: »Es handelt sich um etwas, das unser Geist nicht zu fassen vermag, vor dem wir sprachlos bleiben. Aber ich will doch versuchen, dir eine gewisse Vorstellung davon zu vermitteln«. In seiner Abgeschiedenheit, in seiner Ruhe, schaut er, ist er Zeuge eines stillen Geschehens. Dieser Moment der Erfahrung ist mit jenem verwandt, den ich oben schon erwähnt habe. Wenn uns eine Handlung natürlich geworden ist, sagte ich, verringert das Bewusstsein die von ihm ausgeübte Kontrolle und kann sich entweder anderem zuwenden oder aber das Geschehen, als ironischer Zuschauer gewissermaßen, von Innen her beobachten. Das ist die Form der Aktivität, die Zhuangzi mit *you* bezeichnet, wenn er dem Wort seinen besonderen Sinn gibt. Nun kommen wir zu einem neuen Beispiel. Das Bewusstsein ist hier nicht Zeuge einer perfekt eingeübten Handlung, sondern der inneren Aktivität des ruhenden Körpers. Für Zhuangzi ist die Beziehung aber die gleiche, er bezeichnet sie auch mit dem Verb *you*. »Ich trieb mich (*you*) beim Beginn der Dinge herum«, sagt Laozi. Jeder praktischen Sorge, jeglicher Intention entbunden lässt sich das Bewusstsein von der inneren, sich selbst wahrnehmenden Aktivität des ruhenden Körpers tragen. Auch das ist eine Form von *you*.

Es bleibt die Frage, warum Laozi »sich beim Beginn der Dinge herumtreibt« und was dieses Herumtreiben bedeuten soll. Ich werde später darauf zurückkommen. Behalten wir diese Frage im Gedächtnis und nehmen wir unsere Untersuchung wieder auf.

Im Folgenden nun ein sehr bekannter Passus, der aus einem langen Dialog stammt. Erneut handelt es sich um Konfuzius und Yan Hui, seinen Lieblingsschüler, die miteinander sprechen:

> – Was ist das Fasten des Geistes?, fragte Yan Hui.
> – Eine deine Aufmerksamkeit, antwortete Konfuzius. Höre nicht mit dem Ohr, sondern mit dem Geist. Höre nicht mit dem Geist, sondern mit deiner [ganzen] Energie. Denn das Ohr kann nur hören, der Geist kann nur erkennen, die Energie aber ist eine völlig empfängliche Leere. Der Weg sammelt sich nur in dieser Leere. Diese Leere ist das Fasten des Geistes.[59]

Diese Antwort ist von größtem Interesse. Erneut handelt es sich darum, sich in der Kunst der Ruhe zu üben. Konfuzius empfiehlt seinem Schüler, die Aufmerksamkeit für die Aktivität seines eigenen Körpers zu schärfen. »Eine deine Aufmerksamkeit«, sagt er; »höre nicht mit dem Ohr (*er*), sondern mit dem Geist (*xin*)«. Mit anderen Worten: Versuche nicht, Töne, oder was sonst von außen kommen mag, wahrzunehmen. Wende deine Aufmerksamkeit auf die unmittelbare Wahrnehmung deiner selbst. »Höre nicht mit dem Geist (*xin*)«, sagt er ihm in diesem Sinne, »sondern mit deiner [ganzen] Energie (*qi*)« – denn diese Wahrnehmung seiner selbst ist nichts Intellektuelles, sie ist Selbstvergegenwärtigung des Körpers. Sie ist unsere sich selbst wahrnehmende Aktivität. Wir gelangen hier zu den eigentlichen Grundlagen der Erfahrung, zum unendlich Einfachen – oder unendlich Nahen und fast Unmittelbaren, von dem oben die Rede war. Unsere sich selbst wahrnehmende Aktivität ist das Fundament unseres Bewusstseins und unserer Subjektivität. Das »Fasten des Geistes« (*xinzhai*) ist die Rückwendung auf dieses einfache und vertraute Fundament.[60]

»Die Energie ist eine völlig empfängliche Leere«, sagt der Text. Im Zustand tiefer Ruhe nimmt sich der eigene Körper in der Tat als eine Leere wahr. Hier wird er aber nicht nur so wahrgenommen, sondern überhaupt als Leere verstanden. Und in dieser Leere, so lesen wir, »sammelt sich der Weg«. Er sammelt sich nur dort. Nur dort tritt er in Erscheinung und beginnt, seine Wirkung zu entfalten. Dort liegt der »Beginn der Dinge«, von dem im vorangehenden Text die Rede war.

Um zu verstehen, worum es sich handelt, müssen wir uns wieder unserer eigenen Erfahrung zuwenden. Die angesprochenen Phänomene sind uns vertraut. Wenn wir uns zum Beispiel der Träumerei hingeben, ist die Hingabe zuerst eine körperliche. Wir regen uns nicht mehr. Da unsere Empfindungen, unsere Erinnerungen, unsere Einbildungskraft nicht mehr einer beabsichtigten Handlung dienstbar gemacht werden, verwandeln und organisieren sie sich in freier Weise. In dieser Leere, sagt Zhuangzi, »sammelt sich der Weg«. Dort »beginnen die Dinge«. Geht es nicht zum Beispiel so zu, wenn wir reflektieren? Wenn ein Problem auftaucht und wir darüber nachdenken wollen, so stellen wir in uns eine Leere her. Man beobachte das Gesicht einer Person, die nachdenkt: Es ruht, entspannt und ausdruckslos, wie abwesend – als höre diese Person, aber nicht mit dem Ohr, um die Worte des Konfuzius aufzugreifen, sondern mit dem Geist; als höre sie nicht mit dem Geist, sondern mit ihrem ganzen Körper, denn in solchen Augenblicken lassen wir die Gesamtheit unserer Kräfte und Fähigkeiten, der uns bekannten und der uns unbekannten, zusammenwirken. Man beachte, wie irreführend unsere Begriffe sind. »Reflektieren« hat nichts mit Widerspiegelung zu tun. Die Begriffe der »Reflexion« und der »Spekulation«, von *speculum*, »Spiegel«, die unsere intellektuellen Traditionen auf so tiefgreifende Weise beeinflusst haben, sind schlicht und einfach falsch. Zhuangzi wären sie exotisch, scherzhaft und abwegig vorgekommen. Ihr habt nicht recht aufgepasst, hätte er uns gesagt.

Wenn wir nachdenken, einen Satz bilden oder ein Wort suchen, werden wir geistesabwesend und lassen den Körper wirken. Auch bei anderen Gelegenheiten wenden wir uns der »völlig empfänglichen Leere« des eigenen Körpers zu. Ich erinnere mich an eine Sängerin, die auf dem Festival von Aix-en-Provence Mozart sang und die man im Fernsehen interviewte. »Was machen Sie kurz vor dem Auftritt?«, fragte sie der Journalist. »Denken Sie an die Arie, die Sie singen werden?« – »Bestimmt nicht«, antwortete sie. »Ich stelle in mir eine Leere her.« Wir wissen alle, dass wir genau das tun müssen, damit sich unsere Kräfte vereinen und die nötige Handlung hervorbringen können. Wir wissen auch, dass die Unfähigkeit, diese Leere herzustellen, zur Wiederholung, zur Starrheit, ja zum Wahnsinn führt. Die Fähigkeit, zur Leere zurückzukehren, erlaubt uns im Gegenteil – um die Ausdrücke zu verwenden, die Zhuangzi dem Yan Hui in den Mund legt – »allen Verwandlungen der Wirklichkeit zu folgen«, »völlig unbefangen zu sein« und jederzeit richtig zu handeln. Erinnern wir uns an ein früheres Zitat: »Zu wissen, worin das Handeln des Himmels besteht und [gleichzeitig] zu wissen, worin das menschliche Handeln besteht: darüber hinaus gibt es nichts. Wer weiß, worin [wirklich] das menschliche Handeln besteht, nährt das, was sein Bewusstsein erfasst, mit dem, was es nicht erfasst.«

Die Unbewegtheit Laozis, das »Vergessen« des Yan Hui und »das Fasten des Geistes« erschienen uns zunächst als fremdartige, ja unzugängliche Praktiken. Wir sehen nun, dass in ihnen auf ganz natürliche Weise Veranlagungen genutzt werden, von denen wir einen anderen Gebrauch machen, vielleicht einen beschränkteren. Möglicherweise nutzen wir sie nicht so gut, weil wir ihre Zusammenhänge mit gewohnteren Formen der Aktivität nicht sehen. Die Vorstellung, die wir uns von der Subjektivität und vom Subjekt machen, hindert uns daran, ihrer gewahr zu werden. Dagegen sind diese Zusammenhänge für Zhuangzi ganz offensichtlich, zunächst weil er sich für sämtliche Formen unserer Aktivität und ihre paradoxen Beziehungen interessiert, dann weil er unsere Aktivität, unseren Körper oder unsere Subjektivität (all das ist ein und dasselbe) in ihrem Wesen als eine *fruchtbare Leere* auffasst.

Dieser Begriff der Subjektivität als einer nährenden Leere, mit der wir in Kontakt bleiben müssen, wird auf bemerkenswert konzise und klare

Weise in folgendem Text ausgedrückt, der sich am Ende des Buches 7 findet. Ich kommentiere nur dessen zweiten Teil, der eine für uns neue Idee einführt.

> Sei kein Behältnis des guten Rufs, kein Wohnsitz der Berechnung; sei nicht Vorsteher der Geschäfte, Meister des Wissens. Erfahre lieber das Grenzenlose, bewege dich dort, wo es noch keinen Anfang gibt. Nutze ganz, was du vom Himmel erhalten hast, ohne es besitzen zu wollen, begnüge dich mit der Leere. Der vollkommene Mensch bedient sich seines Geistes wie eines Spiegels – der weder mitgeht, mit dem was geht, noch dem entgegengeht, was kommt; der alles empfängt und nichts behält und so alle Wesen in sich aufnimmt, ohne je Verlust zu erleiden.[61]

Die Übersetzer haben den letzten Satz falsch wiedergegeben, weil sie annahmen, er betreffe das Verhalten des vollendeten Menschen, während er die Eigenschaften des Spiegels beschreibt. Es ist nicht der vollkommene Mensch, sondern der Spiegel, der wörtlich: »nicht hinaus begleitet, nicht entgegengeht«. Seit jeher schreibt die chinesische Etikette vor, dass man einem hochrangigen Besucher entgegengeht und man ihm umso weiter und mit umso größeren Zeichen der Beflissenheit entgegengehen soll, als sein Rang über dem eigenen liegt. Ebenso schreibt sie vor, dass man ihn mit den Zeichen der Beflissenheit, die seiner Würde entsprechen, wieder hinausbegleitet. Der Spiegel tut nichts dergleichen. Er empfängt, was kommt, und ruht dennoch in sich. Das tut auch der vollendete Mensch. Er benimmt sich nicht, wie man es in der Gesellschaft tut. Er begnügt sich damit, zu empfangen und zu reagieren. Er tut es umso besser, als er leer bleibt oder, anders gesagt, mit der Gesamtheit seiner eigenen Kräfte und Fähigkeiten vereint bleibt. Da er »nichts behält«, reagiert er jedes Mal neu. Seine Fähigkeiten sind solcherart, dass er »die Wesen in sich aufnimmt, ohne je Verlust zu erleiden«. Der Vergleich mit dem Spiegel ist in jeder Hinsicht treffend.

Wenn ich im Vergessen sitze, sagte Yan Hui, »lasse ich meine Gliedmaßen fahren, entlasse Blick und Gehör, verlasse Körper und Bewusstsein und bin vollkommen aufgelöst«. Er stellt in sich die »völlig empfängliche Leere« her, von der Konfuzius in einem anderen Dialog spricht – die Leere, in der »der Weg sich sammelt« und in der sich der »Beginn der Dinge« befindet. Es ist die Leere, die man wahrnimmt, wenn man sich in der Kunst der Ruhe übt. Sie besteht aus einer Art sanft leuchtender und diffuser Aktivität. Doch sie kann auch als eine belebte, aber dunkle Welt erscheinen, als das Reich der Verwirrung, aus der alle Dinge entstehen und in die sie alle wieder zurückkehren.

In diesem Zusammenhang zitiere ich nun einen Text, in dem das Reich der Verwirrung in Gestalt einer äußeren Realität objektiviert erscheint. Es handelt sich um eine berühmte Erzählung, die vielleicht nicht von Zhuangzi stammt, aber mit dem, was wir von seinem Denken wissen, übereinstimmt:

> Als Zhuangzis Frau starb und Hui Shi ihm sein Beileid überbrachte, saß Zhuangzi mit gespreizten Beinen auf der Erde, sang und trommelte dabei auf einer Schüssel.
>
> Hui Shi sagte zu ihm: »Sie war Ihre Gefährtin, hat Ihre Kinder erzogen und alterte mit Ihnen. Es wäre schon unziemend, wenn Sie nicht um sie weinten. Aber dass Sie singen und dabei auf einem Topf trommeln, das geht zu weit!«
>
> Zhuangzi antwortete: »Keineswegs. Glauben Sie, dass ich nicht traurig war, als sie starb? Aber schließlich wurde ich dessen gewahr, dass es eine Zeit gab, wo ihr Leben noch nicht entstanden war, wo nicht einmal eine Form da war, ja nicht einmal ein Hauch; dass etwas, das ursprünglich im Unterschiedslosen verborgen war, zu einem Hauch wurde, der Hauch eine Form annahm, die Form ein Leben hervorbrachte, das nun durch eine neue Verwandlung in den Tod übergegangen ist, ganz so wie sich die Jahreszeiten folgen, Frühling und Herbst,

> Winter und Sommer. Friedlich ruhte sie in einer weiten Gruft und ich weinte laut an ihrer Seite. Du verstehst die Notwendigkeit nicht, sagte ich mir, und gab das Weinen auf.«[62]

Der Satz, der mich interessiert, ist der folgende: Etwas war »ursprünglich im Unterschiedslosen verborgen«, *za hu huanghu zhi jian*. Das Wort *huanghu* ist mit anderen Ausdrücken verwandt, die dieselbe oder eine ähnliche Bedeutung haben: *hundun*, *hutu*, *hulu*, etc. *Hundun* ist das Chaos, von dem wir weiter unten noch sprechen werden, *hutu* die Verwirrung des Geistes, *hulu* der Flaschenkürbis.[63]

Es sind dies sehr eigentümliche Wörter, bestehend aus zwei eng miteinander verbundenen Silben, was im alten Chinesisch ungewöhnlich ist; aus zwei Silben, die sich kaum unterscheiden und eine Art Lautmalerei bilden. Sie werden mit nahezu geschlossenen Lippen gesprochen. Ihr Laut erinnert an ein Brodeln und Gurgeln, wie das Wort »Gurgeln« selbst, oder wie das »Tohuwabohu«. Es sind Binome wie *tian/di*, Himmel und Erde, *qian/kun*, himmlisches und irdisches Prinzip oder *yin/yang*, aber ihre Trennung ist nur halb vollzogen, sodass aus ihnen keine komplementären Gegensatzpaare entstanden sind. Ihre Beziehung wird durch den Flaschenkürbis symbolisiert, dessen beide runde Hohlräume weder ganz vereint noch ganz getrennt sind. Kurz, aus diesem Unterschiedslosen entstehen alle Lebewesen und verdanken ihm ihr Leben.

Ganz am Ende des Buches 7 findet sich eine kurze Erzählung, die durch ihre Schlichtheit, Bestimmtheit und Fremdheit an die des Gelben Kaisers und der dunklen Perle erinnert. Hier ist sie:

> Der Herrscher des Südmeeres hieß *Shu*, der des Nordmeeres hieß *Hu*, der der Mitte hieß *Hundun*. Von Zeit zu Zeit trafen sich *Shu* und *Hu* bei *Hundun* und dieser empfing sie mit größter Höflichkeit. Die beiden fragten sich, wie sie ihm dies erwidern könnten und sagten sich: »Alle Menschen haben sieben Öffnungen, um zu sehen, zu hören, zu essen und zu atmen, er hat keine einzige. Wir werden sie ihm bohren.« Sie bohrten ihm jeden Tag eine und am siebten Tag starb *Hundun*.[64]

Die beiden Eiferer, die seinen Tod verursachen, heißen Shu und Hu. Zusammengenommen bedeutet *shuhu* »plötzlich«, »augenblicklich«. Shu und Hu sind Besessene, deren stumpfsinnige Beflissenheit den Verderb ihres Wohltäters herbeiführt. Um den Effekt zu vermitteln, den der Text im Chinesischen hat, kann man diese Geschichte auch wie folgt wiedergeben:

> Der Herrscher des Südmeeres hieß *Bald Hier*, der des Nordmeeres hieß *Bald Da*, der der Mitte hieß *Hundun*. Von Zeit zu Zeit trafen sich *Bald Hier* und *Bald Da* bei *Hundun* und dieser empfing sie höchst freizügig. Die beiden fragten sich, wie sie ihm dies erwidern könnten und sagten sich: »Alle Menschen haben sieben Öffnungen, um zu sehen, zu hören, zu essen und zu atmen, er hat keine einzige. Wir werden sie ihm bohren«. Sie bohrten ihm jeden Tag eine und am siebten Tag starb *Hundun*.

Es war Hunduns Fehler, diese Vertreter der äußeren Welt, »höchst freizügig zu empfangen« oder zumindest die Folgen ihrer Höflichkeitsbezeugungen unterschätzt zu haben. Ein fataler Fehler, denn durch die gebohrten Öffnungen zerfloss das Chaos, das Unterschiedslose, die fruchtbare Verwirrung, die er in sich trug, was den Tod zur Folge hatte. Dieser Ausgang erinnert an Humpty-Dumpty, der in *Alice im Wunderland* in tausend Stücke zerschlagen am Fuße seiner Mauer liegen bleibt. Das Werk des Shu und Hu, das sieben Tage dauert, bildet auch einen schönen Gegensatz zu dem des Schöpfers in der Erzählung der *Genesis*. Darüber nachzudenken, wäre der Mühe wert.

Ich ziehe es aber vor, die Aufmerksamkeit des Lesers auf die offensichtliche Verwandtschaft dieser Geschichte mit der des Gelben Kaisers zu lenken. Sie handeln gewissermaßen von den beiden Seiten ein und derselben Sache. Der Gelbe Kaiser schickt die Boten Erkenntnis, Scharfblick und Disput auf die Suche nach seiner dunklen Perle. Sie kommen mit leeren Händen zurück. Ohne Nichts findet sie, niemand weiß wie. Der Kaiser ist erstaunt. Die absurde Eskapade, mit der alles begann, ist vergessen. Die Ordnung ist wieder hergestellt. Hundun ist ebenfalls Herrscher der Mitte. Er verlässt das Zentrum nicht, aber nimmt sich vor den Gästen von außen und ihren skurrilen Machenschaften nicht in Acht. Seine beiden Gäste bohren ihm Öffnungen, damit er ihnen gleicht. Durch diese Öffnungen verliert er seine Substanz. Seine innere Verwirrung, derer er zum Leben bedurfte, zerfließt und er stirbt. Diese Geschichte handelt vom Verlust der Verwirrung oder Leere, von der sich die Subjektivität nährt und ohne die sie eingeht – von ihrem Eintrocknen gewissermaßen.[65]

Man könnte auch auf andere Weise die philosophische Bedeutung dieser Geschichte zeigen. Zum Beispiel, indem man sie mit einem Motiv in Verbindung bringt, dem man an mehreren Stellen des *Zhuangzi* begegnet, nämlich dem der Gefahr, die wir laufen, wenn wir uns in den Dingen verlieren. Am Beginn des 2. Kapitels, *Qiwulun*, dem philosophisch bedeutendsten Teil des Werks, sagt Zhuangzi über den Menschen Folgendes aus: »Während des Schlafes mischen sich seine Seelen, während des Wachens öffnet sich sein Körper, haftet an allem, was er gewahrt, und verbraucht seinen Geist infolgedessen in sinnlosen Kämpfen«[66]. Es handelt sich hier nicht um archaische psychologische Vorstellungen, sondern um eine klare und wohlüberlegte Beschreibung dessen, was immer und überall tatsächlich geschieht. Wenn Zhuangzi sagt, dass der Mensch, sobald er erwacht, »an allem haftet, was er gewahrt«, wörtlich: »berührt und ein Festes (im etymologischen Sinne ein ›Konkretes‹) bildet«, spricht er von dem, was die Phänomenologen den »naiven Realismus« nennen. Er macht sich aber von der *Epoché*, dem Zweifel an der Objektivität unserer Wahrnehmungen, eine reichhaltigere Idee als sie. Ihn interessiert nicht die Epistemologie, sondern unsere subjektive Freiheit, unsere Fähigkeit, uns von den Dingen zu lösen, um richtig zu handeln. Er bringt dieses Anliegen auf eine besonders frappierende Weise in einer Erzählung zum Ausdruck, die ich hier nicht wiedergeben kann, weil sie zu lang ist. An seine Gefährten, die zuviel grübeln und sich in unüberwindliche Widersprüche verstricken, richtet er den folgenden Rat: »Eure Bedrängnis würde ein Ende finden, wenn Ihr Euch nahe beim Beginn der Dinge halten und die Dinge wie Dinge behandeln würdet, anstatt Euch von den Dingen wie Dinge behandeln zu lassen!«[67] Nehmt die Dinge für das, was sie wirklich sind, empfiehlt er ihnen: nämlich Gebilde, die euer Geist aufgrund eurer

Empfindungen erzeugt und die meist den Formen der Sprache entsprechen. Verdinglicht diese Dinge nur soweit nötig, könnte man sagen, sonst verdinglichen sie euch und berauben euch dadurch eurer subjektiven Freiheit.

Zhuangzi drückt diese Idee folgendermaßen aus: *wu wu er bu wu yu wu. Wu* bedeutet »das Ding« oder »das Phänomen«. Zhuangzi macht aus diesem Namen ein Verb, »dingen«, und von diesem Verb einen putativen Gebrauch: »für ein Ding halten«. Die gehobene Sprache seiner Zeit erlaubt ihm dies. Das zweite *wu* ist das Akkusativobjekt des ersten: *wu wu* bedeutet »die Dinge für Dingc halten«. *Er* ist ein Bindewort: »und« oder »aber«. *Bu* ist eine Negation. *Yu*, das vorletzte Wort, ist eine Partikel, die normalerweise dem Verb nachgestellt wird. Somit ist das *wu*, das ihm voraus geht, ein Verb, so wie das erste *wu* des Satzes. Die Partikel *yu* führt hier den Agens ein. *Wu yu wu* bedeutet: »von den Dingen für Dinge gehalten werden«. Daher: *wu wu er bu wu yu wu*, »wenn Ihr dic Dinge als Dinge behandeln wurdet, anstatt Euch von den Dingen als Dinge behandeln zu lassen«. Der Leser wird gestehen, dass Zhuangzi ebenso kühn im Ausdruck wie im Denken ist.

Ich bin auf dieses philosophische Thema eingegangen, um zu zeigen, dass Zhuangzi die natürliche Tendenz unseres Geistes, sich in den Dingen zu verlieren, sich darin zu entfremden und dadurch unsere subjektive Freiheit zu gefährden, als eine Gefahr betrachtet. Dieses Missgeschick ist es, das Hundun widerfuhr.

Zum Schluss eine Erzählung, in der mehrere von mir angesprochene Themen vereint sind. Da sie länger ist als die vorangegangenen und ich ihren Fortgang nicht unterbrechen möchte, werde ich die notwendigsten Erklärungen in Fußnoten beigeben:

> Als General Wolke nach Osten reiste und am Baume Fuyao vorbeikam, traf er auf Große Verborgenheit, der sich auf die Schenkel klopfte und wie ein Spatz herumhüpfte.[68] Bei diesem Anblick blieb er verdutzt und reglos stehen. »Wer sind Sie? Was machen Sie da?«, fragte er. »Ich amüsiere mich«, antwortete der andere ohne aufzuhören, sich auf die Schenkel zu klopfen und wie ein Spatz herumzuhüpfen.[69] »Erlauben Sie, dass ich Ihnen eine Frage stelle«, sagte der General. »Ach so«, gab Große Verborgenheit von sich und hob den Kopf, um ihn anzusehen. »Die Energien des Himmels sind nicht im Einklang«, erklärte der General, »die Energien der Erde stocken; die sechs Kräfte der Natur sind nicht mehr aufeinander abgestimmt, die vier Jahreszeiten geraten aus den Fugen. Ich möchte die Kräfte der Natur wieder in Einklang bringen, damit die Geschöpfe gedeihen können. Wie soll ich das tun?«[70] Sich auf die Schenkel klopfend und herumhüpfend wie zuvor,

schüttelte Große Verborgenheit den Kopf und sagte: »Keine Ahnung! Keine Ahnung!«. Der General holte nichts mehr aus ihm heraus.

Drei Jahre später, während einer anderen Reise nach Osten, traf er in der Wildnis von Song wieder Große Verborgenheit. Hocherfreut eilte er auf ihn zu: »Haben Sie mich vergessen, himmlischer Meister? Haben Sie mich vergessen?« Er verbeugte sich zweimal und bat um Unterweisung. Da sprach Große Verborgenheit zu ihm: »Ich treibe ziellos dahin, ich irre umher und auf dieser Irrfahrt sehe ich *das, was nicht täuscht*. Mehr kann ich nicht sagen.«[71] – »Ich dachte, ich irrte frei umher wie Sie«, sagte der General, »aber die Leute folgen mir überall hin, ich weiß nicht, was ich dagegen tun soll. Sie wollen sich von mir belehren lassen. Erteilen Sie mir bitte einen Rat.«[72] – »Wenn man die Ordnung der Dinge durcheinander bringt und der natürlichen Verfassung der Lebewesen Gewalt antut, dann können die verborgenen Kräfte nicht wirken. Die Rudel zerstreuen sich, die Vögel singen bei Nacht, Plagen suchen die Pflanzen heim, Seuchen die Insekten. Das ist es, was geschieht, wenn der Mensch Ordnung schaffen will!«[73] – »Nun, was aber soll ich tun?«, fragte der General. – »Es ist hoffnungslos«, antwortete Große Verborgenheit. »Kehre schnell nach Hause zurück!«

»Ich hatte solche Mühe, Sie wieder zu finden«,

fuhr der General fort. »Bitte sagen Sie mir irgendetwas!« Da entgegnete Große Verborgenheit: »Na gut, dann sage ich: *Den Geist nähren*! Begnüge dich damit, nicht einzugreifen, und dann werden sich die Dinge von selbst verwandeln. Lasse Leib und Glieder, verzichte auf Hören und Sehen, lasse dich und die Dinge fahren und gehe auf im Unterschiedslosen; löse dich von allen Vorsätzen, ja vom Geiste selbst, sei wie geistesverlassen. Dann werden alle Erscheinungen in ihren Grund zurückkehren, ohne dass du es merkst. Bleibe in diesem Zustand der Verwirrung, verlasse ihn nicht bis ans Ende deiner Tage. Wenn du versuchst, ihn zu verstehen, wirst du aus ihm heraustreten.[74] Frage nicht nach seinem Namen, kümmere dich nicht darum, worin er besteht, und dann wird alles von selbst daraus entstehen.« – »Himmlischer Meister«, sagte der General, »Sie haben mir das Wirkungsvermögen verliehen, Sie haben mich das Schweigen gelehrt. Was ich mein Leben lang gesucht habe, das habe ich gefunden.« Er verneigte sich zweimal, erhob sich, nahm Abschied und ging.[75]

Dieser Schluss ist charakteristisch. Nachdem er den Schlüssel zur Autonomie gefunden hat, ist General Wolke nicht länger auf Große Verborgenheit angewiesen und geht. Fürwahr ein wunderbarer Dialog.

Ich habe einen Aspekt von Zhuangzis Denken untersucht, um zu zeigen, wie ich ihn lese. Ich möchte nun die Entdeckungen, die wir dabei gemacht haben, etwas ergänzen und zum Schluss einigen Gedanken über die Auswirkungen nachgehen, die Zhuangzis Ideen auf *unsere* Ideen haben könnten.

Ein Paradigma der Subjektivität

Wir sind von Erklärungen ausgegangen, die der Koch, der Wagner und der Schwimmer den vornehmen Personen gaben, von denen sie befragt wurden. Ein Thema hat zum anderen geführt. Wir haben gesehen, was Zhuangzi uns über die Geste lehrt, über den Lernprozess, über die spontan und notwendig gewordene Handlung, die verschiedenen Formen der Aktivität und ihre paradoxen Beziehungen zueinander, über das Subjekt, die Ruhe, die Leere, die Verwirrung. Mit fast jedem Schritt erblickten wir weitere Themen, auf die wir nicht eingegangen sind. Die möglichen Abzweigungen haben sich vermehrt, sodass wir nun in verschiedene Richtungen weiter vorstoßen könnten – sowohl in der Thematik des Zhuangzi als auch in der Untersuchung unserer eigenen Erfahrung. Und doch muss ich zu einem Schluss kommen. Ich werde daher drei der Wege einschlagen, die von hier aus weiterführen, aber ohne sehr weit vorzudringen. Ich möchte dadurch zeigen, welche weiteren Perspektiven sich abzeichnen.

Der erste Weg führt zum Thema der Schau, von dem schon die Rede war.[76] In der Form der Aktivität, die Zhuangzi *you* nennt, »wandelt« das Bewusstsein »frei«, weil es jeder praktischen Sorge, jeder Intention entbunden ist und sich erlauben kann, als Zuschauer der Aktivität des Körpers beizuwohnen, sei es der des aktiven Körpers (des Handwerkers zum Beispiel) oder der des stillen Körpers, der sich in der Ruhe übt. Es hält sich fern vom Treiben der Welt, unbeweglich, »sprachlos«, wie Laozi sagte, wodurch es zu einem schauenden Bewusstsein wird. In der kurzen Erzählung, die ich nun zitieren möchte, bemerken wir eine bezeichnende semantische Verschiebung: Unmerklich bekommt *you*, »wandern« oder »reisen«, den besonderen Sinn, den Zhuangzi diesem Wort verleiht, den des losgelösten, betrachtenden Bewusstseins. Die Erzählung ist dem *Liezi* entnommen, einer Textsammlung vom Anfang des 4. Jahrhunderts unserer Zeitrechnung, zusammengesetzt aus älteren Texten, von denen einige dem *Zhuangzi* entstammen. Offensichtlich gehört diese Erzählung ursprünglich ebenfalls dem *Zhuangzi* an, wiewohl sie nicht im überlieferten Text enthalten ist. Das Kapitel 7 des *Zhuangzi* enthält einen Dialog, der ihr in Inhalt und Form ähnelt.[77] Es sind dieselben Personen, die miteinander sprechen: Liezi und sein Meister, der Huqiu (»Krug-Hügel«) heißt. Er ist ein Hundun, der seine wertvolle Verwirrung in sich zu wahren weiß. In beiden Geschichten zeigt er dem Liezi, wie er es ihm gleich tun könne. Hier nun die Erzählung aus dem *Liezi*:

Liezi liebte das Wandern (*you*). Du liebst das Reisen (*you*), fragte ihn Meister Huqiu, was aber gefällt dir daran? – Das Vergnügen des Reisens, antwortete Liezi, ist die Begegnung mit dem Unbekannten. Die anderen, wenn sie reisen, sehen nur, was sie schon gesehen haben; wenn ich reise, erfreue ich mich hingegen an dem, was sich verändert. Reisen! Wenige sind es, die wirklich wissen, was Reisen heißt! – Ich frage mich, entgegnete Huqiu, ob deine Art des Reisens, die du für so verschieden hälst, wirklich so verschieden ist, denn wenn man hinschaut, sieht man überall Veränderungen. Du erfreust dich am Unbekannten in den Dingen, ignorierst aber das Unbekannte in dir selbst. Du reist in der Welt herum, ohne zu wissen, was du in dir selbst schauen (*guan*) könntest. Wer im Äußeren reist, sucht seine Befriedigung in den Dingen, wer ins Innere schaut, sucht sie in sich selbst. Das vollkommene Reisen besteht darin, alles in sich selbst zu finden. Die Befriedigung in den Dingen zu suchen, ist eine minderwertige Form davon.
Überzeugt davon, dass er nichts von der Kunst des Reisens verstanden hatte, schloss sich Liezi bis ans Ende seiner Tage zu Hause ein.
Meister Huqiu sagte dazu: Nichts kommt dem Reisen gleich! Wenn man zu reisen versteht, weiß man nicht mehr, wohin man geht; wenn man zu schauen versteht, weiß man nicht mehr,

> was man sieht. Ich spreche vom Reisen, ich spreche vom Schauen, wenn *alles* in Bewegung gerät, wenn *alles* sich dem Schauen öffnet! Nichts kommt diesem Reisen gleich! Nichts kommt ihm gleich![78]

Ich wollte diesen wunderbaren Dialog zitieren, um zu zeigen, dass er ganz ohne Zweifel dem *Zhuangzi* zugehört, und weil er mir zudem die Gelegenheit gibt, die zwei folgenden Bemerkungen anzubringen: Er zeigt zunächst, wie im *Zhuangzi* eine bestimmte Form der Aktivität mit der »Schau« verbunden ist. Man muss diese innere Verbindung begriffen haben, um das Schauen zu verstehen, auf dem die stärksten Momente des *Zhuangzi* beruhen; um Stellenwert und Tragweite des »Erschauten« zu ermessen. Zweite Bemerkung: Dieses Schauen, das im freien Spiel der Kräfte und Fähigkeiten des »Körpers« entsteht, führt uns meines Erachtens zur Entdeckung, dass unsere Fähigkeit, innerlich zu schauen, die Bedingung und die Grundlage des sinnlichen Sehens mittels unserer Augen bildet. Wir sähen außen nichts, wenn wir nicht in uns das Vermögen besäßen, uns etwas vorzustellen und das Vorgestellte wahrzunehmen. Zhuangzi macht sich über diesen Zusammenhang weiter keine Gedanken, aber bietet uns in diesem Punkt, wie in so vielen anderen, die Grundlage für eine mögliche Neuinterpretation unserer Erfahrung.[79]

Nun zum zweiten Weg, den ich kurz beschreiten möchte. Ich habe darauf hingewiesen, dass wir, um Zhuangzis Denken zu verstehen, den Körper als die Gesamtheit unserer Kräfte und Fähigkeiten, der uns bekannten und unbekannten, auffassen müssen, somit als ein Ganzes ohne erkennbare Grenzen, innerhalb dessen das Bewusstsein bald verschwindet, bald sich in unterschiedlichem Maße, den Formen unserer Aktivität entsprechend, abhebt. Nach Zhuangzi gilt es, im richtigen Moment von einer Form in die andere wechseln zu können oder diesen Wechsel geschehen zu lassen. Das Bewusstsein muss seine eigene Auflösung hinnehmen, damit gewisse notwendige Verwandlungen sich frei vollziehen können und es danach die Fähigkeit wiederfindet, angemessen zu handeln. Zhuangzi drückt dies durch die Idee der Rückkehr in die Leere oder in die Verwirrung aus. Diese heilsame Regression, dieses Zusammenfinden des Empfindens und der elementarsten Grundlagen der Erfahrung kommt im eben zitierten Dialog zum Ausdruck. Nachdem er die Rede seines Meisters Huqiu vernommen hatte, so sagt der Text lakonisch, verblieb Liezi, »überzeugt davon, dass er nichts von der Kunst des Reisens verstanden hatte, bis ans Ende seiner Tage zu Hause eingeschlossen«. Der verwandte Dialog aus dem Kapitel 7 des *Zhuangzi*, welcher viel ausführlicher ist, endet folgendermaßen:

> Liezi schloss daraus, dass er noch nichts gelernt habe. Er kehrte in sein Hause zurück und verließ es drei Jahre lang nicht mehr. Er nahm den Platz seiner Frau in der Küche ein, fütterte die Schweine, als wären sie Menschen, und nahm alle Aufgaben [im Haushalt] wahr. Er hörte auf zu feilen und zu polieren, um zur ursprünglichen Einfachheit zurückzukehren, in sich ruhend wie ein Klumpen Erde, versiegelt inmitten des Getriebes, und blieb auf diese Weise *eins* bis ans Ende seiner Tage.[80]

Ich begnüge mich damit, auf dieses Thema des Rückzugs hinzuweisen, der Rückwendung auf sich selbst, auf den eigenen Körper, die mit der Hinnahme der bescheidensten Lebensweise einhergeht. Eine andere Version davon findet sich in einem Dialog zwischen Laozi und Konfuzius, dessen Anfang und Ende ich zitieren möchte:

> Konfuzius sagte zu Laozi: »Ich meine, dass ich die *Sechs Bücher* – die *Gedichte*, die *Dokumente*, die *Riten*, die *Verwandlungen* und die *Annalen* – eingehend studiert habe, aber, was weiß ich warum, von den zwanzig Staatsherren, die ich aufgesucht habe, um ihnen den Weg der alten Könige und die Taten der Herzöge von Zhou und Shao zu erklären, hat nicht einer auf mich gehört. Liegt es daran, dass die Menschen

schwer zu überzeugen sind oder daran, dass der Weg schwer zu erklären ist?«

Auf diese Frage antwortet Laozi mit einer ganz erstaunlichen Ausführung, die mit dieser Schlussfolgerung endet: »Wer den Weg hat, dem gelingt alles von selbst, wer ihn verloren hat, dem gelingt nichts.« Die Erzählung endet mit den Worten:

> Konfuzius schloss sich für drei Monate bei sich ein. Dann kehrte er zu Laozi zurück: Jetzt habe ich es gefunden, sagte er ihm. [...] Lange habe ich mich gegen die Verwandlung gesträubt! Und dabei wollte ich die anderen verwandeln! – Nun hast du es begriffen!, sagte Laozi.[81]

Zum Thema der Rückwendung auf sich und auf die Quellen und Kräfte des Körpers will ich nur Eines bemerken: Die Psychoanalyse ist nicht in der Lage, aus diesen Kräften zu schöpfen, weil sie letztlich, und trotz der Kühnheit Freuds, im cartesianischen Dualismus befangen bleibt.[82] Sie geht vom wachen Bewusstsein aus und stellt ihm ein hypothetisches Gegenstück, das Unbewusste, zur Seite, um auf diese Weise den verborgenen Grund des Bewusstseins auszuloten. Sie hat sich von Anfang an in dieses spiegelbildliche Paradigma eingeschlossen und ist ihm nicht wieder entkommen.[83] Sie ist von ihrem Ursprung her unfähig, den Beziehungen zwischen dem Bewusstsein und den

Kräften des Körpers Rechnung zu tragen und ihren Patienten dabei zu helfen, aus diesen Kräften zu schöpfen. Daher, umgekehrt, die anarchisch wuchernde Vermehrung von Therapien, die sich allein auf den Körper beziehen. Zhuangzi hätte die Gelegenheit sicher nicht versäumt, einige Dialoge zu erfinden, um sich über diesen Irrsinn lustig zu machen.

Der dritte Weg, den ich einschlagen möchte, führt zu Fragen der Ästhetik. Zhuangzi achtet ganz besonders darauf, wie Ideen wirken und wie ein gesprochenes Wort jemanden plötzlich von Grund auf verwandeln kann. Er interessiert sich auch für die Wirkung der Musik. Dies beweist der nachfolgende Dialog. Er spielt sich zwischen einem gewissen Beimen Cheng und dem Gelben Kaiser ab, den wir bereits kennen. Der Gelbe Kaiser hat ein Stück mit dem Titel *Die Musik von Xianchi* vorgetragen und Beimen Cheng dadurch in eine tiefe Bestürzung versetzt. Der Text gibt nicht an, welches Instrument er benutzte. Um den Text überzeugend übersetzen zu können und damit sich der Leser die Szene besser vorstellen kann, nehme ich an, dass er auf der *qin* spielte, der alten chinesischen Laute. Im Dialog, der auf das Spiel folgt, spricht der Kaiser von einer Steigerung: Dadurch, dass er seinem Spiel eine zunehmend subtilere, tiefere, verinnerlichte Prägung verlieh, hat er seinen Zuhörer in eine wachsende Verstörung gestürzt:

Beimen Cheng befragte den Gelben Kaiser. Während ich Ihnen zuhörte, wie Sie inmitten wilder Natur die Musik von Xianchi spielten, sagte er ihm, fühlte ich mich zuerst bestürzt, dann machtlos und am Ende verloren, ratlos, ich konnte mich nicht wieder fassen.
So musste es sein, antwortete der Gelbe Kaiser. Anfangs blieb ich im Bereich des Menschlichen, aber ließ gleich Himmlisches einfließen. Ich folgte dem, was sich geziemt und gehört, aber schöpfte bereits aus der reinen Energie.[84] [Unter meinen Fingern] wechselten die Jahreszeiten, wurden die Wesen geboren [und starben], das Aufblühen folgte dem Niedergang und der Niedergang ging ins Aufblühen über, die Entfaltung der Formen führte zu ihrer Zerstörung und diese Zerstörung zu ihrer Wiederentfaltung. Reine und unreine Klangfarben wechselten ab; die Töne flossen dahin und breiteten sich aus; ich erweckte die Tiere aus dem Winterschlaf, wie es Donner und Blitz im Frühling tun. Ich vollendete ohne zu beenden, ich öffnete ohne zu eröffnen. Meine Musik erstarb, wurde neu geboren, fiel ab und nahm ihren Schwung wieder auf, beständig in ihren unendlichen Metamorphosen, beständig unvorhersehbar. Du musstest bestürzt sein.
Dann spielte ich mit der Harmonie von *yin* und *yang*, mit dem Glanz von Sonne und Mond. Die langen mit den kurzen Noten, die leisen mit

den lauten mischend, verlieh ich meinen Metamorphosen eine Einheit, aber ohne mich je binden zu lassen. Wo es ein Tal gab, füllte ich das Tal; wo eine Schlucht war, schlich ich in die Schlucht. Ich schloss mich ab, behielt meinen Geist im Innern und nahm laufend die Form der Dinge an. Unter dem Zauber meiner Melodien und meiner Rhythmen verkrochen sich die Geister im Dunkeln und die Sterne folgten ihrer Bahn. Ich hielt mich ans Endliche, aber meine Musik brachte Unendliches hervor. Umsonst versuchtest du zu begreifen, umsonst zu sehen, umsonst zu folgen. Bestürzt standest du da, auf einem Weg, der nirgends hinführt, *du seufztest auf deine Armlehne gestützt*[85]. Du nahmst nur wahr, was du schon im Kopfe hattest, sahst nur, was deine Augen sehen wollten, warst nur auf das aus, was deiner Absicht entsprach, sodass du mich unmöglich erreichen konntest. Aber dein Körper hatte angefangen, sich aufzulösen, und du begannst, dich der Bewegung hinzugeben. Deshalb fühltest du dich machtlos.

Dann gab ich jeden Rest von Trägheit auf, ich ließ den Rhythmen ihren Lauf. Da war ein Hervorquellen aus dem Unbestimmten, eine unfassbare Polyphonie, eine ständige Entfaltung, schattenhaft und lautlos. Es bewegte sich im Grenzenlosen und hielt sich über einem Abgrund. Es glich dem Tod, glich dem Leben, es wurde zur Frucht, es wurde zur Blume – gehend, fließend, zergehend, einmal hier, einmal da, bar jeglicher Norm. Die gemeinen Köpfe nehmen an diesem Spiel Anstoß und machen es dem Weisen zum Vorwurf. Er aber geht den Dingen auf den Grund und folgt der Notwendigkeit. Er lässt seinen Geist nicht entweichen, seine Sinne nicht irregehen. Er spricht kein Wort, aber im Stillen jubelt er. Dies ist die Freude, die man die ›himmlische Musik‹ nennt.[86] Shennong besang sie mit folgenden Worten: *Unhörbar, unsichtbar erfüllt sie Himmel und Erde, umfasst sie das All.* Du wolltest mir zuhören, aber meine Musik bot dir keinen Halt und so musstest du dich verloren fühlen.

Durch die Musik habe ich dich zuerst bestürzt und du glaubtest, du seiest Opfer einer Verhexung. Ich lockerte mein Spiel und du begannst, den Boden unter den Füßen zu verlieren. Ich ging zur Verwirrung über und du glittest in eine völlige Verstörtheit. Dadurch aber hast du die Große Aktivität erreicht. Man muss sich tragen lassen, um in die Große Aktivität einzutreten.[87]

Dieser Dialog ist einer der schönsten Texte zur Ästhetik, die ich kenne.[88] Er verdiente es, allgemein bekannt zu sein. Dass er es noch nicht ist, scheint zur Hauptsache daran zu liegen, das er mangelhaft übersetzt wurde. Das Original ist schwierig, ja stellenweise obskur. Es klärt sich aber auf, sobald man sich auf die Erfahrung stützt, so wie ich das getan habe – auf die Erfahrung des Hörens von Musik. Die Spezialisten haben darauf hingewiesen, dass dieser Text ein Gegenstück zur konfuzianischen Auffassung zu bilden scheint, die der Musik das Vermögen zuschreibt, Maß und Sitte zu verbreiten. Da die konfuzianische Auffassung im *Yueji*, dem *Buch der Musik*, das dem dritten Jahrhundert vor unserer Zeitrechnung entstammt, fixiert wurde, müssen wir wohl annehmen, dass dieser Dialog späteren Datums ist und also nicht das Werk Zhuangzis sein kann. Da ich diese Frage nicht genau untersucht habe, will ich mich nicht dazu äußern. Ich begnüge mich damit, anzumerken, dass in den Teilen des *Zhuangzi*, deren Authentizität zweifelhaft ist, sich wunderbare Stücke finden, die man vernachlässigt hat, weil man sie für apokryph hielt. Solche Skrupel sind lähmend. Es empfiehlt sich dagegen, diese Texte ohne allzu viele Vorurteile anzugehen, sich darum zu bemühen, sie zu verstehen und erst danach, mit besseren Argumenten, die Fragen der Datierung und der Autorschaft zu stellen. Wenn der Dialog zwischen Beimen Cheng und dem Gelben Kaiser nicht von Zhuangzi stammt, so ist er auf jeden Fall das Werk eines Autors, der dessen Anschauungen teilt und ihm an Tiefe und Ausdrucksstärke gleichkommt.

Was den Inhalt anbetrifft, müssen wir das folgende Paradox festhalten: Je subtiler, tiefer, verinnerlichter das Spiel des Gelben Kaisers, desto größer die Verwirrung, in die Beimen Cheng gerät. Es ist, als ob die Musik eine Regression herbeiführte. Es fällt uns schwer, uns eine höhere Aktivität wie dieses überlegene musikalische Spiel als etwas vorzustellen, das eine Regression auslösen soll. Genau das geschieht aber, wenn wir große Musik hören und uns in einem Zustand tiefer Empfänglichkeit befinden. Unter diesen Bedingungen hat die Musik die Macht, beinahe alle Register unserer Aktivität wachzurufen und in Einklang zu bringen – die Selbstempfindung, das innere Raumgefühl des Körpers, die innere Wahrnehmung der Gesten, die Emotion, das Gedächtnis sowie die höchsten Formen der Intelligenz. In solchen Momenten vereint die Musik alle Kräfte und Fähigkeiten des Körpers, von den elementarsten bis zu den höchstentwickelten, in einem einzigen ungeteilten Zusammenspiel. Solcherart ist die »Große Aktivität«, von welcher der Gelbe Kaiser am Ende seiner Rede spricht. Mit diesem Ausdruck habe ich an dieser Stelle das Wort *dao* übersetzt.

Man hat es sich angewöhnt, Zhuangzi als einen »Philosophen« zu betrachten, will heißen: als den Autor eines Systems. Jedesmal, wenn man ihm in China oder im Westen eine Monographie oder ein Kapitel in einer Geschichte der Philosophie widmet, fühlt man sich verpflichtet, dieses System zu definieren, seinen Aufbau aufzuzeigen. Weil er als Taoist gilt, wird das Tao zum Schlussstein des Bauwerks. Die Darstellung, die sich daraus ergibt, ist nicht nur langweilig, sondern auch falsch, weil die Methode falsch ist. Man kann das *Zhuangzi* nur missverstehen, wenn man darin hinter einer vermeintlichen literarischen Verkleidung eine verborgene Doktrin sucht, die in abstrakten Begriffen formuliert werden könnte. Ebenso falsch ist es, das Werk linear zu lesen, das heißt die Stücke, die im Text aufeinander folgen, als Momente einer Beweisführung zu nehmen. In einem Teil der Kapitel steckt eine gewisse Ordnung, in anderen gar keine. Es empfiehlt sich in jedem Falle, jedes Stück zunächst für sich zu betrachten. Später nehme man sich die Zeit, es mit anderen in Beziehung zu setzen, mit denen es eine Affinität aufweist oder in Resonanz tritt, wo immer diese Stellen sich im Werk befinden mögen. Dadurch wird die Lektüre kontrapunktisch und polyphonisch, und die Reflexion wird es mit ihr. Ich habe oft daran gedacht, wenn ich das *Zhuangzi* las: Bei Bach liegt die Komplexität nicht in den einzelnen Elementen, sondern in ihrer Kombination. Er könnte sie nicht so kombinieren, wie er es tut, wenn sie nicht zumeist einfach und vor allem klar umrissen und begrenzt wären. Der begrenzte Charakter der Elemente und, grundsätzlicher noch, die Diskontinuität sind notwendige Bedingungen seiner stets erneuerten Polyphonie. Dank dieser Bestimmtheit ist Bach nie (oder sehr selten) pompös. Er hält sich immer an das Notwendigste. Keine Emphase, konstantes Interesse. Sobald in einer Suite oder einer Toccata ein Stück zu Ende ist, geht Bach zum nächsten über, das dem Vorangehenden ganz unähnlich ist. Bei Bach wie bei Zhuangzi sind diese Begrenztheit im Einzelnen und diese polyphone Kombination der Ausdruck einer Denkweise.

Aber ist das *Zhuangzi*, so wie wir es heute kennen, nicht ein verstümmeltes, umgearbeitetes, uneinheitliches Werk? Kann man überhaupt an ihm solche Beobachtungen anstellen, wo es doch in einem derart problematischen Zustand überliefert wurde? Ich denke ja, denn die Züge, die ich soeben hervorgehoben habe, der fest umrissene Charakter der Elemente und die Komplexität ihrer Beziehungen, sind sicher unverändert geblieben. Dazu kommt, dass die polyphone Leseweise, die ich befürworte, nicht allein ein Mittel ist, den vielgestaltigen Inhalt dieses Werkes zu erkunden, sondern auch ein Mittel, um mit der Zeit verlässlich die Teile zu erkennen, die nicht mit den anderen in Resonanz treten, weil sie von geringerer Qualität oder anderer Herkunft sind. Eine solche polyphone Lektüre hat somit auch eine kritische Funktion.

Sie wirft eine Reihe von Fragen auf, auf die ich am Ende eine Antwort oder wenigstens die Skizze einer Antwort geben möchte. Meine Leseweise ist nicht diejenige, die man traditionell in China betreibt. Während ich im *Zhuangzi* eine vielgestaltige und offene Sammlung von präzisen und nachprüfbaren Beschreibungen sehe, zumeist in der Form von Erzählungen und Dialogen, weil diese Form die Sache am besten wiederzugeben vermochte, haben die Chinesen dieses Werk als den bildhaften Ausdruck einer einheitlichen und letztgültigen Doktrin aufgefasst. Diese Einstellung habe ich bisher bei allen Kommentatoren, den ältesten wie den jüngsten, angetroffen. Doch muss ich betonen, dass ich diese reiche Kommentarliteratur noch nicht gründlich studiert habe und daher die nachfolgenden Bemerkungen mit Vorbehalt vortrage.

Der älteste Kommentar, der auf uns gekommen ist, ist der von Guo Xiang, gestorben im Jahr 310 unserer Zeitrechnung. Es handelt sich um einen knappen, aber systematischen Kommentar philosophischer Art. Sein Einfluss war gewaltig. Er hat das Studium des *Zhuangzi* bis in unsere Tage geprägt. Dafür gibt es mehrere Gründe. Der erste liegt darin, dass Guo Xiang nicht nur das Werk kommentierte, sondern ihm auch seine aktuelle Gestalt gab, indem er Teile ausschloss, die ihm überflüssig schienen, und den Stoff auf die 33 Bücher verteilte, die wir heute kennen. Der zweite Grund für seinen Einfluss ist bedeutender. Das *Zhuangzi* ist ein verwirrendes und oft schwerverständliches Werk. Dadurch, dass er es systematisch anhand eines Dutzends abstrakter Begriffe erklärte, erleichterte Guo Xiang den Lesern seiner Zeit die Arbeit. Er gab ihnen das Gefühl, dass sie es beherrschten, obwohl sie es nur noch in Teilen verstanden oder, gewisse Stücke ausgenommen, sich nicht die Mühe machten, es zu lesen. Guo Xiang kam damit ihrer Trägheit entgegen, denn es kostete sie viel weniger, an einen höheren, allgemeinen, kaum greifbaren Sinn zu glauben, als den Text genau zu lesen, ihre eigene Erfahrung aufmerksam zu beobachten und sich damit in ein Gebiet vorzuwagen, das keine festen Grenzen hat. Der Weg des geringsten Widerstands hat überall die gleiche Anziehungskraft. Guo Xiang zeigte auch, wie man das Genie des Zhuangzi dazu verwenden konnte, Ideen zu verbreiten, die nicht die seinen, sondern die seiner Exegeten waren. Guo Xiang hat in dieser Hinsicht viele Epigonen gehabt. Im Laufe der Jahrhunderte haben Dutzende, ja Hunderte von Literaten im *Zhuangzi* die Bestätigung ihrer eigenen Ideen oder die ihrer gesellschaftlichen Kreise und ihrer Zeit zu finden vermeint. Ob taoistischer, buddhistischer, konfuzianischer oder synkretistischer Richtung, alle haben im Großen und Ganzen dieselben Passagen kommentiert wie Guo Xiang, und zudem auf ähnliche Weise. Sie scheinen sich damit begnügt zu haben, ihre »Beweise zu wiederholen«, wie Rimbaud sagte.[89] Ich will damit nicht sagen, dass sie unredlich waren oder dass ihre Glossen durchweg uninteressant seien. Nur sind sie nicht unbedingt die Exegeten, derer wir heute bedürfen.

Ich möchte auf die Beziehung zwischen Zhuangzi und seinen Kommentatoren das anwenden, was Claude Lévi-Strauss in *Traurige Tropen* über die Fresken Giottos sagt: »Der Mensch schafft wahrhaft Großes nur zu Anfang; in welchem Bereich auch immer hat nur der erste Ansatz uneingeschränkte Gültigkeit [...]. Die Größe der Anfänge ist so untrüglich, dass uns sogar die Irrtümer, sofern sie neu sind, durch ihre Schönheit überwältigen.«[90] Jean Levi weist darauf hin, dass Zhuangzi und Han Fei die ersten chinesischen Autoren waren, die sich schriftlich und unter ihrem eigenen Namen geäußert haben.[91] Dabei ist Zhuangzi der frühere von beiden.

Mit Guo Xiang beobachten wir nicht nur eine Verflachung, sondern auch eine ungerechtfertigte, unangemessene Aneignung[92]. Guo Xiang und andere nach ihm haben aus einem Denken der radikalen Autonomie, der persönlichen Unabhängigkeit, der Weigerung, sich der Macht zu unterwerfen und sie auszuüben, eine Apologie der Unverbindlichkeit, der moralischen Indifferenz und individueller Zwanglosigkeit gemacht, die es den Aristokraten ihrer Zeit erlaubte, den Mächtigen, trotz des Ekels, den sie in ihnen erregten, zu dienen. Sie haben den kritischen Gehalt des *Zhuangzi* entschärft und es zu ihrer Rechtfertigung herangezogen, wenn sie der Macht nachgaben und sich fügten. Auf diese Weise ist das *Zhuangzi* zum Trost, zur geistigen Kompensation der gebildeten Aristokraten und später der Literatenbeamten geworden. Seither hat es ihrem natürlichen Konservatismus gedient, indem es ihrer Unterwürfigkeit ein imaginäres Gegenstück bot. Ohne diese Umwertung hätte das *Zhuangzi* sicher nicht die Rolle gespielt, die es seither in der chinesischen Geistes- und Literaturgeschichte inne hatte. Womöglich wäre es ganz einfach verloren gegangen, wie so viele andere alte Werke.

Die Wiederentdeckung seines wirklichen Gehalts zwingt uns dazu, diese ganze Tradition in Frage zu stellen, was zu einer Umkehrung führt. Fortan werden wir nicht mehr den chinesischen Kommentatoren folgen, um Zhuangzi zu verstehen, oder wir werden es nur beiläufig tun. Wir werden im Gegenteil von ihm ausgehen, um über sie zu richten. Aufgrund seiner Dialoge kann man sich übrigens recht leicht vorstellen, was er von den meisten von ihnen gehalten hätte. Diese Umkehrung hat auch den Vorteil, einen fundamentalen, aber seit langem aus dem Blick geratenen Antagonismus wiederherzustellen. Sie gibt der chinesischen Geistesgeschichte von Neuem eine innere Spannung, sie lädt sie wieder auf. Mit der Zeit könnte sich daraus ein bedeutender Wandel der Perspektive ergeben.

In der Einführung, die Kristofer Schipper seiner niederländischen Übersetzung der ersten sieben Kapitel des *Zhuangzi* vorangestellt hat, bezeichnet er dieses Werk als einen der »Gipfel des chinesischen Denkens«[93]. Der Ausdruck scheint mir unpassend, denn sein Platz liegt für mich nicht mit einigen andern auf dem Gipfel, sondern ganz abseits. Mehr noch, ich sehe es als einen erratischen Block. Die Vorstellung, die wir vom »traditionellen chinesischen Denken« haben und die sich auch die chinesischen Intellektuellen selbst davon machen, trägt den tief eingeprägten Stempel des Guo Xiang, in keiner Weise hingegen den des Zhuangzi. Deshalb ist es angemessen, Zhuangzi außerhalb des »überkommenen chinesischen Denkens«[94] zu stellen.

Es scheint mir notwendig, eine weitere überkommene Auffassung in ebenso drastischer Weise zu revidieren, nämlich die von der Zugehörigkeit Zhuangzis zum Taoismus. Diese Zuordnung ist für den westlichen Leser irreführend, weil er im Allgemeinen nicht weiß, dass »Taoismus« nicht einem einzelnen chinesischen Begriff entspricht, sondern mindestens vieren oder fünfen. Die Chinesen unterscheiden die *daojia*, die »taoistischen Philosophen«, eine Kategorie, welche die kaiserlichen Bibliothekare zu Beginn der Reichszeit erfunden haben, in die sie das *Zhuangzi* und das *Laozi* einordneten und denen sie später noch das *Huainanzi* und das *Liezi* hinzufügten; weiter gibt es den Begriff des *xianren zhi dao*, wörtlich »der Weg der Unsterblichen«, ein Sammelbegriff für religiöse Vorstellungen, die zu Beginn der Reichsbildung aufgekommen sind; dann das *Huang-Lao*, eine politische Philosophie, die (wie der Name schon besagt) dem Patronat des Huangdi, des Gelben Kaisers, und Laozis unterstellt wurde und eine wichtige Rolle zu Beginn der Han-Dynastie spielte; das *Lao-Zhuang*, eine philosophische Bewegung zu Beginn des Mittelalters, entstanden unter dem Zeichen einer Rückkehr zu Laozi und Zhuangzi, von der Guo Xiang ein bedeutender Vertreter war; schließlich das *daojiao*, »die Lehre vom Weg«, die taoistische Religion, die gegen Ende der Han-Zeit im 2. Jahrhundert gegründet wurde. Zhuangzi kann in keine dieser Rubriken eingeordnet werden. Die taoistische Religion hat bei ihm nur sehr begrenzt Anleihen gemacht: isolierte Begriffe wie das »Fasten des Geistes« (*xinzhai*) und das »Sitzen im Vergessens« (*zuowang*), dazu einige Figuren seiner Dialoge, aus denen sie übernatürliche Wesen gemacht hat. Von seiner Philosophie hat sie nichts übernommen. Seitdem Zhuangzi und Laozi in dieselbe bibliographische Rubrik eingeordnet wurden, hat man sie nach und nach für Vertreter ein und derselben philosophischen Schule gehalten, was absurd ist, da eine solche Schule nie existiert hat und beide in wesentlichen Fragen diametral entgegengesetzte Auffassungen vertreten. Ihre Unvereinbarkeit zeigt sich am klarsten darin, dass dem *Laozi* gemäß die Wirklichkeit eine Quelle oder einen Ursprung hat, während sie das für

Zhuangzi nicht hat. Dieser Unterschied ist aus philosophischer Sicht grundlegend, und ist es auch in politischer und religiöser Hinsicht. Das *Laozi* hat die politischen Vorstellungen und die Ausübung der Macht durch die Jahrhunderte hindurch zutiefst beeinflusst, weil es den obersten Machthaber dazu einlädt, sich an den Ursprung der Dinge zu stellen oder sich selbst als den Ursprung der Dinge zu betrachten, um sie auf natürliche Weise zu kontrollieren und eine unmerkliche und stillschweigende Herrschaft über sie auszuüben. Der entstehenden taoistischen Religion hat das *Laozi* später die Mysterien geliefert, derer jede Religion bedarf. Zhuangzi dagegen konnte niemals weder politisch noch religiös nutzbar gemacht werden. Dass die Figur des Laozi in Zhuangzis Dialogen so oft vorkommt, ist auch kein Grund, ihn unter die Taoisten zu reihen. Konfuzius erscheint darin ebenso oft. Ich erinnere zudem an meine Hypothese, nach welcher Zhuangzi eine ritualistische, mithin konfuzianische Ausbildung erhalten haben könnte, von der ausgehend er dann eine wichtige Dimension seines philosophischen Denkens entwickelte. Kurz: Es ist falsch, ihn unter die taoistischen Denker zu zählen. Wenn man dies tut, kann man ihn nur missverstehen.

Ich gebe gerne zu, dass die Bemerkungen, die ich eben vorgebracht habe, einer Vertiefung bedürfen. Es ging mir nur darum, kurz zu zeigen, welche Perspektiven eine aufmerksame Lektüre des *Zhuangzi* eröffnen kann und wie sie unser Verständnis der chinesischen Geistesgeschichte verändern könnte. Es bleibt mir nun noch anzudeuten, welche Wirkung diese Lektüre auf *unsere* Ideen haben könnte, wobei ich mich auf eines der Themen beschränken werde, die ich behandelt habe, nämlich das der Formen der Aktivität und ihrer paradoxen Beziehungen zueinander. Ich möchte zeigen, wie diese Leseweise durch die Epoche, in der wir stehen, ermöglicht wurde und, umgekehrt, welchen Beitrag sie für unser heutiges Denken leisten könnte.

Ich glaube nicht an den Fortschritt im Allgemeinen, anerkenne ihn aber auf gewissen Gebieten. Als ich Stendhals *Souvenirs d'égotisme* zum ersten Mal las, ist mir eine Bemerkung aufgefallen: »Der Egotismus, ein ehrlicher aber«, sagt er, »ist ein Mittel, das menschliche Herz zu beschreiben, in dessen Kenntnis wir seit 1721, der Zeit der *Lettres persanes* jenes großen Mannes, den ich so sehr studiert habe, Montesquieu, Riesenschritte gemacht haben. Der Fortschritt ist manchmal von so erstaunlichem Ausmaß, dass uns Montesquieu geradezu grob erscheint.«[95] Mit dieser Beobachtung Stendhals verbinde ich jene, die Julien Gracq in *En lisant, en écrivant* macht: »Einer der Gründe, weshalb Proust keine ersichtliche literarische Nachkommenschaft hatte, liegt darin, dass diese sehr schwer zu identifizieren wäre – darin, dass sein

Werk weniger die Erschaffung dessen ist, was man die ›Welt‹ eines Schriftstellers nennt, das heißt das Filtern der objektiven Welt durch eine besondere persönliche Empfindsamkeit, als vielmehr die Anwendung einer entscheidenden technischen Errungenschaft, die alsdann sofort von allen anderen übernommen werden kann: ein qualitativer Sprung in der optischen Apparatur der Literatur. Das Unterscheidungsvermögen des Auges – des inneren Auges – hat sich verdoppelt: Das ist die entscheidende Neuheit. Sie impliziert, wie jede Herstellung eines perfekteren Mikroskops, sowohl eine erhöhte Genauigkeit in der Beobachtung der bereits erforschten Bereiche als auch den Zugang zu neuen Bereichen, die zuvor nicht sichtbar waren.«[96] Proust spricht selbst von einer optischen Apparatur. In *Die wiedergefundene Zeit* schreibt er Folgendes: »In Wirklichkeit ist jeder Leser, wenn er liest, ein Leser seiner selbst. Das Werk des Schriftstellers ist nichts als eine Art optisches Instrument, das dieser dem Leser anbietet, damit er etwas erfasst, was er ohne dieses Buch vielleicht nicht gesehen hätte [...]. Der Autor darf sich nicht darüber empören, sondern muss ganz im Gegenteil, dem Leser größte Freiheit zugestehen und ihm sagen: »Sehen Sie selbst, ob Sie mit dem Glas hier besser sehen, oder dem da, oder diesem anderen.«[97] Die Verfeinerung der Beobachtung ist auch durch die Verfeinerung der Sprache bedingt. Michaux hätte die von den Drogen ausgelösten neuen sinnlichen

Erfahrungen nicht beschreiben können, wie er es getan hat, wenn er nicht über eine solch persönliche, eigenwillige und präzise Sprache verfügt hätte. Die Fortschritte, die das zwanzigste Jahrhundert in dieser Hinsicht gekannt hat, haben eine viel höhere Aufmerksamkeit ermöglicht für das, was ich das unendlich Nahe und fast Unmittelbare genannt habe. Dies ist auch auf dem Gebiet der Malerei der Fall. Cézanne hat wie kein anderer vor ihm die subtile Wechselwirkung von Empfindung und Vorstellung erforscht, aus der unsere Wahrnehmung der sinnlichen Welt entsteht. Anstatt die »objektive« Welt abzubilden, die nie mehr als eine konventionnelle Welt ist, hat er durch neue malerische Mittel die Alchemie unserer Wahrnehmung der äußeren Welt sichtbar gemacht. In der Philosophie hat sich eine ähnliche Entwicklung abgezeichnet. Auf ihre Weise hat auch die Phänomenologie versucht, so genau wie möglich zu beschreiben, *wie uns die Phänomene erscheinen*. Wittgenstein hat sich bemüht, die unserem Verhältnis zur Sprache innewohnenden Widersprüchlichkeiten aufzuzeigen. Man könnte noch weitere Namen anführen. Es ist zu einer nie dagewesenen Problematisierung unserer subjektiven Erfahrung gekommen.

Solche Veränderungen wirken sich zwangsläufig auf unsere Wahrnehmung der Vergangenheit aus. Mithilfe unserer neuen »optischen Apparaturen« betrachten wir die Maler älterer Zeiten anders und lesen die Philosophen und Autoren der Vergangenheit mit schärferem Blick. Und wenn es sich um große Maler, Philosophen und Schriftsteller handelt, entdecken wir in ihnen Schätze, die wir ahnten, die wir aber weder genau zu erkennen noch zu benennen vermochten. Wie Charles Rosen in einem Artikel in der *New York Review of Books* feststellte, hat die Musik des zwanzigsten Jahrhunderts das Verständnis der klassischen Musik verändert und vertieft. »Es versteht sich von selbst«, schreibt er, »dass das, was wir heute darin finden, von Anfang an darin lag.«[98]

Diese historische Situation ermöglicht auch eine neue Lektüre des *Zhuangzi*. Vielleicht sind wir sogar in mancher Hinsicht die Leser, die Zhuangzi sich gewünscht hätte. Er hat sich ja seine Kommentatoren nicht selbst ausgesucht. Er hatte keine Vorstellung davon, welche Wendung nach ihm die chinesische Geistes- und Religionsgeschichte nehmen würde. Ich sage das nicht, um seine chinesischen Exegeten *a priori* zurückzuweisen, sondern um mir das Recht vorzubehalten, mich nicht bedingungslos ihrer Autorität zu unterstellen. Ich will damit auch nicht sagen, dass die verfeinerte Sprache, über die wir heute verfügen, unbedingt subtilere oder weisere Menschen aus uns macht. Mit den ihm zur Verfügung stehenden Mitteln hat Zhuangzi auf vollkommene Weise beschrieben, was er beschreiben wollte.

Indessen handelt es sich nicht allein um Beobachtung und Beschreibung. Ein Künstler, ein Schriftsteller ist notwendigerweise ein Experimentierer – nicht nur in der Ausarbeitung seiner Mittel, sondern auch (und zuallererst) in seiner Art, die Dinge zu empfinden, sie wahrzunehmen und sie sich vorzustellen. Diese Eigenschaft ist bei jedem mehr oder weniger ausgeprägt, mehr oder weniger bewusst, mehr oder weniger ausgesprochen. Bei Proust oder Michaux zum Beispiel ist sie sehr ausgeprägt. Aber diese Fähigkeit, die Welt aufzulösen und neu zusammenzusetzen, ist allen Menschen eigen. Es gibt sie in jedem von uns und sie ist uns unentbehrlich. Es ist für uns lebenswichtig, in die Verwirrung und die Leere zurückkehren zu können, wenn unsere bewusste Aktivität in eine Sackgasse geraten ist, wenn sie sich in ein System falscher Vorstellungen oder in unausführbare Pläne hat einschließen lassen. Unser Heil hängt dann davon ab, ob es uns gelingt, uns wieder zum »Beginn der Dinge« zu begeben, zur »Leere, wo der Weg sich sammelt« zurückzufinden. Man muss die Fähigkeit haben, die Leere in sich herzustellen, um die notwendigen Handlungen vollbringen zu können. Wie schon angedeutet, führt die Unfähigkeit, diese Leere herzustellen, zur zwanghaften Wiederholung ungewollter Handlungen, zur Starrheit und letztlich zum Wahnsinn. Der Leser erinnert sich, dass Yan Hui, während er im Vergessen saß, »allen Verwandlungen der

Wirklichkeit folgte« und dass Konfuzius ihn aus diesem Grund als seinen Meister anerkannte.

Diese Fähigkeit, unser Verhältnis zu uns selbst, zu den anderen und zu den Dingen aufzulösen und neu zu schaffen, ist nicht nur für die einzelne Person, sondern auch für Gemeinschaften und ganze Gesellschaften lebenswichtig. Zhuangzi empfand das sehr deutlich, vermutlich weil er in einem Zeitalter großer Unruhen, destruktiver Konflikte, aber auch außerordentlicher intellektueller Gärung lebte. Der damalige Streit zwischen unvereinbaren Lehren ist der Ausgangspunkt seines Denkens über die Sprache. Er ist meines Wissens der einzige chinesische Denker, der sowohl ihre grundsätzliche Willkür als auch ihre kreative Potenz klar erkannt hat.[99] Es ist hauptsächlich eben diese Dimension seines Denkens, die später in China nicht mehr verstanden wurde. Heute sind wir hingegen sehr wohl in der Lage, sie wahrzunehmen und ihre Tragweite zu ermessen. Wir leben heute, wie er damals, in einer gefährlichen und gefährdeten Welt.

Aus all diesen Gründen scheint mir heute eine aufmerksame Lektüre des *Zhuangzi* bedeutsam. Diese Bedeutung liegt insbesondere darin, dass das Experimentieren, die Auflösung und Neubestimmung unseres Verhältnisses zu uns selbst, zu den anderen und zur Welt, dieses *solve et coagula* der Alchemisten, nicht ohne die Anwendung – die experimentelle Anwendung – von neuen

Paradigmen geleistet werden kann. Zhuangzi liefert uns eine Fülle davon. Allein schon auf dem Gebiet, das ich im Laufe dieser Vorlesungen untersucht habe, trafen wir auf die Paradigmen des Lernens, der Geste, der Formen der Aktivität und der Übergänge von einer Form zur anderen, der »himmlischen« Aktivität *tian* und der »menschlichen« Aktivität *ren*, des betrachtenden Bewusstseins *you*, der Leere und der Verwirrung, des aus Aktivität bestehenden Körpers. Diese Ideen sind wertvoll, weil sie uns erlauben, unsere Erfahrung genauer oder in einer neuen Sichtweise zu beobachten und damit gewisse Aporien zu überwinden, die sich aus unseren gewohnten Paradigmen ergeben, wie ich es im Vorbeigehen mit Hinblick auf Montaigne und die Tiere, auf Kleist und die verlorene Unschuld, auf die rein menschliche Natur theologischer Probleme und auf die Psychoanalyse angedeutet habe.

Wir können zusammenfassend sagen, dass uns im *Zhuangzi* ein Paradigma des Subjekts und der Subjektivität entgegentritt, das für uns neu ist. Unsere Vorstellung vom Subjekt, durch unsere religiösen und philosophischen Traditionen wie auch durch unsere psychologischen Auffassungen geprägt, ist die einer autonomen und aktiven Instanz, deren Aktivität sich auch in Passivität verkehren kann, woraus sich die Idee der »Leidenschaften«[100] ergibt. Diese Instanz wird der erschaffenen Welt gegenübergestellt und sie wird in der Neuzeit zum Subjekt in seiner Beziehung zum Objekt. In jüngerer Vergangenheit wurde die Autonomie dieser Instanz bezweifelt, was den weiteren Rahmen aber nicht veränderte. Bei Zhuangzi finden wir eine ganz andere Vorstellung. Was wir Subjekt oder Subjektivität nennen, erscheint bei ihm als ein *Hin und Her zwischen der Leere und den Dingen*. Von beiden betrachtet er das Erstere – die Leere oder die Verwirrung – als fundamental, denn ihr verdanken wir die ganz wesentliche Fähigkeit, uns zu ändern, uns zu erneuern und, wenn es Not tut, unser Verhältnis zu uns selbst, den anderen und den Dingen neu zu bestimmen. Aus ihr schöpfen wir das Vermögen, Sinn hervorzubringen. Wie wir gesehen haben, erlaubt dieses Paradigma Zhuangzi, unsere Erfahrung, selbst in ihren paradoxen Aspekten, auf streng zusammenhängende und treffende Weise zu beschreiben.

Eine weitere Analyse der Texte würde, wie ich glaube, zeigen, dass, wenn im *Zhuangzi* von diesem Hin und Her zwischen der Leere und den Dingen die Rede ist, in Wirklichkeit das innere Leben unserer Subjektivität beschrieben wird. Das Verständnis des *Zhuangzi* wird allerdings dadurch erschwert, dass eben diese Texte später in einem kosmologischen Sinn interpretiert wurden. Das Hin und Her zwischen den Dingen und der Leere wurde als eine kosmologische Beschreibung verstanden, in der das Leben des Subjekts als ein abgeleitetes, untergeordnetes, abhängiges Phänomen erschien. Der Ansatz zu diesem Perspektivenwechsel ist schon in gewissen Teilen des *Zhuangzi* erkennbar. Bald wurde diese kosmologische oder metaphysische Auslegung vorherrschend und hat die Rezeption des ganzen *Zhuangzi* bis in die Neuzeit bestimmt.

Zhuangzis zentrales Paradigma gewinnt eine zusätzliche Dimension, wenn uns klar wird, dass der Ort der Leere oder der Verwirrung kein anderer ist als der Körper selbst – vorausgesetzt allerdings, dass wir darunter nicht den Körper als Objekt oder als Maschine im Sinne Descartes' verstehen, sondern ihn, wie ich es vorgeschlagen habe, auffassen als die Gesamtheit der Kräfte und Fähigkeiten, der uns bekannten und unbekannten, wie sie uns zur Verfügung stehen oder uns bestimmen. Zhuangzi spricht dies nicht aus, wenigstens nicht in diesen Worten, aber er zeigt es. Auf sehr verschiedene Arten und oft in überraschender Weise gibt er uns zu verstehen, dass wir unsere Autonomie nur dadurch sichern können, dass wir den so verstandenen Körper handeln lassen. Diese Lehre mutet uns paradox an, weil wir uns so sehr daran gewöhnt haben, unsere Autonomie in der bewussten Beherrschung unseres Tuns zu suchen.

Ich frage mich, ob Zhuangzis Denken heute nicht, in dieser Frage (und in anderen auch), dazu bestimmt ist, mit einer Wandlung in Resonanz zu treten, die sich unbemerkt in den Tiefen unserer Kultur vollzieht. Unser Paradigma vom Subjekt und der Subjektivität, vom Dualismus von Geist und Körper, ist brüchig geworden, das fühlen wir alle, aber in Ermangelung einer Alternative bleiben wir darin befangen. Nur einige visionäre Geister haben hier und da geahnt, welches das neue Paradigma sein könnte. Ich denke an die Surrealisten, die manchmal prophetisch gewesen sind. Manche ihrer blitzartigen Eingebungen sind mit Zhuangzis Visionen verwandt. André Breton ist ihm nahe, wenn er vom »schwindelerregenden und unschätzbaren ›Diesseits‹«, spricht, »auf dessen grenzenloser Ausweitung der menschliche Traum alle ›jenseitigen Welten‹ erbaut hat«.[101] Nicht anders als Zhuangzi »bewahrt Benjamin Péret das Unbewusste seines Bewusstseins«, wie Pierre Naville es ausdrückt.[102] Max Ernst, mit Luis Buñuel der begabteste Schöpfer unter den Surrealisten, hat den Tafeln von *La Femme 100 têtes*, eine seiner Kollagensammlungen, Bildlegenden beigegeben, die aneinandergefügt eines der schönsten Gedichte des zwanzigsten Jahrhunderts ergeben. »Der Ewige Vater versucht vergebens, Licht und Dunkel zu trennen«, heißt es in Nummer 137. Und die vorletzte, die in so starkem Maße an die Paradoxien des Bewusstseins im Sinne von Zhuangzi erinnert: »Fragen Sie diesen Affen: Wer ist die *Femme 100 têtes*? Wie die Kirchenväter wird er Ihnen antworten: Wenn ich die *Femme 100 têtes* sehe, weiß ich es. Wenn Sie mich fragen, wer sie ist, weiß ich es nicht mehr.«[103] Ich stelle diesen wunderbaren

Text in unmittelbare Nähe zur Erzählung vom Gelben Kaiser und seiner schwarzen Perle.

Ich hoffe, den Leser davon überzeugt zu haben, dass Zhuangzi, wenn wir uns von den herkömmlichen Interpretationen und alten Gemeinplätzen lösen und ihn aufmerksam zu lesen beginnen, sich als scharfsichtig denkender Philosoph und einzigartiger, überraschender, unergründlicher Autor erweist.

Anmerkungen

1 *Werkausgabe* (Frankfurt a. M.: Suhrkamp, 1984), Band 8, *Zettel*, S. 345–346, § 314.

2 *Über Gewissheit*, Band 8, S. 158, § 189.

3 Kapitel 3 (3/b/2–7, 10–11).

4 In Jean François Billeter, *Essai sur l'art chinois de l'écriture et ses fondements* (Paris: Allia, 2010, S. 362–363) ist der ganze Text übersetzt und kommentiert; siehe S. 362–363. Zum Begriff *shen*, siehe S. 248, 250 und im Index unter *shen*.

5 Kapitel 13 (13/e/68–74).

6 Kapitel 13 (13/e/66–68).

7 *Zettel*, S. 420, § 621.

8 *Ibid.*, S. 423, § 632.

9 *Cahiers* (Paris: Gallimard, Bibliothèque de la Pléiade, 2 Bd., 1973, 1974), Bd. 1, S. 795.

10 Kapitel 19 (19/i/49–54).

11 *Sens contre sens. Comment lit-on?* Entretiens avec P. Llored (Genouilleux: La Passe du vent, 2000), S. 179.

12 *Ibid.*, S. 175.

13 Im Französischen habe ich *dao* hier mit »le fonctionnement des choses« wiedergegeben.

14 Zu diesem grundlegenden Text siehe *Études*, Kapitel 4.

15 In »Le faisan de Tchouang-tseu« habe ich den ganzen Prozess an einem kurzen Passus aus dem Kapitel 3 vorgeführt; siehe *Études*, S. 200–212.

16 *Œuvres complètes* (Paris: Bibliothèque de la Pléiade, Gallimard, 2 Bd., 1989, 1995), Bd. 2, S. 621.

17 *Essais*, Teil 2, Kapitel 6.

18 *À la Recherche du temps perdu* (Paris: Bibliothèque de la Pléiade, Gallimard, 4 Bd., 1987–1989), Bd. 4, S. 445–446.

19 Kapitel 19 (19/b/12–14).

20 Eine Balletttänzerin schreibt mir, dass ihr die Behauptung Zhuangzis ganz plausibel erscheint. Tänzer verletzen sich beim Stürzen, solange sie sich vor dem Stürzen fürchten. Sie verletzten sich praktisch nie, wenn sie keine Angst mehr empfinden, ganz wie Zhuangzis Betrunkener.

21 *Ethik*, Teil 3, Anmerkung zum Lehrsatz 2.

22 Kapitel 17 (17/a/50–51).

23 *Principes de sagesse et de folie* (Paris: Gallimard, 1991), S. 72–83.

24 *Essais*, Teil 1, Kapitel 14.

25 *Bêtise*, abgeleitet von *la bête*, das Tier.

26 »Nous abêtir pour nous assagir«.

27 Kapitel 23 (23/i/73).

28 Kapitel 5 (5/f/59–60).

29 Siehe A. C. Graham, *Disputers of the Tao. Philosophical Argument in Ancient China* (La Salle, Illinois: Open Court, 1989), S. 75–95. Siehe auch Anne Cheng, *Histoire de la pensée chinoise* (Paris: Le Seuil, 1997), S. 132–147.

30 Kapitel 17 (17/d/87–81). Eine Übersetzung und Analyse des ganzen Dialogs findet sich in *Études*, S. 11–16.

31 Kapitel 25 (25/h/52–53).

32 Kapitel 23 (23/c/44–45). Der »himmlische Töpfer« (oder die »himmlische Töpferscheibe«) ist ein bildlicher Ausdruck für die Verwandlungen, die in der Wirklichkeit vorwalten.

33 Kapitel 6 (6/a/1–2). Ich übersetze den letzten Satz so, um ihn dem Sinn nach mit dem voranstehenden und der weiteren Folge des Textes in Übereinstimmung zu bringen. Die wörtliche Übersetzung wäre umgekehrt:

»... nährt das, was sein Bewusstsein nicht erfasst, mit dem, was es erfasst«.

34 Kapitel 32 (32/c/17–18). Yan Hui, auch Yan Yuan genannt, erscheint in den *Gesprächen* als der Lieblingsschüler des Konfuzius.

35 Kapitel 19 (19/d/22–24).

36 Kapitel 6 (6/h/89–91).

37 Kapitel 26 (26/k/49).

38 Die Novelle erschien Ende 1810, Kleist beging Ende 1811 Selbstmord.

39 *Sudelbücher* (München: Karl Hanser Verlag, 2 Bd., 1968, 1971), Bd. 2, S. 407.

40 *Ibid.*, Bd. 1, S. 518.

41 *Ibid.*, Bd. 1, S. 519.

42 Siehe insbesondere *Von der Freiheit eines Christenmenschen.*

43 Xiaoyaoyou. »Freies Wandern« ist die konventionelle Übersetzung. Im Französischen habe ich diesen Titel mit »Aller selon« übersetzt, gebildet nach Rimbauds *Une Saison en enfer*: »Donc tu te dégages / Des humains suffrages, / Des communs élans ! / Tu voles selon ...«

44 Zur Thematik des Schauens im *Zhuangzi* siehe *Études*, S. 134–140.

45 Kapitel 17 (17/b/53–56).

46 Kapitel 22 (22/g/57–65). »Schweifen«, eine weitere Übersetzung von *you*.

47 Kapitel 12 (12/d/18–20).

48 Zur Kritik der Macht bei Zhuangzi siehe *Études*, Kapitel 2 und 3.

49 Kapitel 6 (6/h/89–93).

50 Man bedenke, dass die Meisterschaft in den Riten und der Musik hier eine höhere Stufe der Vervollkommnung darstellt als die Verinnerlichung der Güte und der Gerechtigkeit.

51 New York: Basic Books, 1981.

52 Auf diese Beziehung wurde von einigen chinesischen Autoren seit der Qingzeit hingewiesen. Sie wurde auch von Robert Eno in *The Confucian Creation of Heaven. Philosophy and the Defense of Ritual Mastery* (Albany: State University of New York Press, 1990) vermutet (siehe S. 283–284), ist aber meines Wissens nie Gegenstand einer tiefergehenden Untersuchung geworden.

53 Paris: Gallimard, 1975, S. 108–124. (Mögliche deutsche Übersetzung: »Aufkommen des Schauens«, in *Angesichts des Ungreifbaren*.)

54 Hauptsächlich in *Misérable miracle* (Monaco: Le Rocher, 1956), *L'infini turbulent* (Paris: Mercure de France, 1957), *La Paix dans les brisements* (Paris: Flinker, 1959) *Les Grandes Épreuves de l'esprit* (Paris: Gallimard, 1969) und *Connaissance par les gouffres* (Paris: Gallimard, 1967).

55 Kapitel 21 (21/d724–27).

56 Siehe *Disputers*, S. 215–219, und »The Origins of the Legend of Lao Tan«, in *Studies in Chinese Philosophy and Philosophical Literature*, (Singapur: Institute of East Asian Philosophy, 1986), S. 111–124.

57 Sie schien mir plausibel, aber neue archäologische Funde zwingen dazu, sie aufzugeben; siehe *Études*, S. 271.

58 Über solche Momente siehe auch »Le faisan de Tchouang-tseu«, in *Études*, S. 212.

59 Kapitel 4 (4(a/26–28).

60 Die philosophische Grundlage dieser Ausführung findet sich in *Essai sur l'art chinois de l'écriture et ses fondements*, Kapitel 6, insbesondere S. 186–188. Der längere Dialog, dem dieser Passus entnommen ist, ist ein vollendetes Meisterwerk. Im Kapitel 3 der *Études* ist er übersetzt und eingehend analysiert. Siehe auch *Notes sur Tchouang-tseu et la philosophie*, S. 80–89.

61 Kapitel 7 (7/f/31–33).

62 Kapitel 18 (18/b/15–19).

63 Dazu kommt der Berg Kunlun, Mittelpunkt der Welt, der am Ende des Dialogs auf Seite 72 und in der Erzählung vom Gelben Kaiser und seiner Perle, Seiten 74 und 78 erwähnt wird. Man denke auch an die *hundun*, eine Art schwimmender Teigklösschen, die in essbarer Form das in sich verschlossene und sich selbst genügende Chaos versinnbildlichen.

64 Kapitel 7 (7/g/33–35).

65 Vgl. zum Thema Hundun: Norman J. Girardot, *Myth and Meaning in Early Taoism. The Theme of Chaos* (*hun-tun*) (Berkeley University Press, 1983). Der Autor sieht darin ein altes mythologisches und religiöses Motiv, das unterschiedslos von diversen Autoren »taoistischer« Prägung aufgenommen wurde. Er zieht nicht in Betracht, dass Zhuangzi einen eigenen Gebrauch davon gemacht haben könnte. Dies ist nicht die einzige Schwäche des Werks.

66 Kapitel 2 (2/b/10).

67 Kapitel 20 (20/a/7).

68 Fuyao ist ein legendärer Baum. Große Verborgenheit heißt auf Chinesisch *Hongmeng*, ein Name, der mit den Ausdrücken der Verwirrung verwandt ist, von denen oben die Rede war. Indem er wie ein Spatz herumhüpft, übt er sich in der ungeteilten und spontanen Aktivität der Tiere, einer nicht *ren*, »menschlichen«, sondern *tian*, »himmlischen« Aktivität. Wie man weiß, spielt die Nachahmung wilder Tiere in den traditionellen Künsten des »Nährens des Lebens« (*yang sheng*) eine wichtige Rolle.

69 Dieser Anfang erinnert an die Szene vom Koch, vom Schwimmer und anderen: Ein Mann übt sich in seiner Kunst, ein Zeuge fragt nach. Der Unterschied besteht darin, dass Große Verborgenheit nicht innehält,

um zu antworten. »Ich amüsiere mich«, sagt er. So übersetze ich hier das Verb *you*, dem wir schon begegnet sind. Mit anderen Worten: »Ich lasse mich von den Kräften tragen, die in mir wirken«.

70 Wie jeder Militär, der etwas auf sich hält, ist der General um Ordnung besorgt. Er möchte Harmonie und Wohlergehen wiederherstellen, indem er »die Kräfte der Natur wieder aufeinander abstimmt«, so wie es später die Priester der taoistischen Religion in ihren Riten tun werden. Aber er weiß nicht, wie er es anstellen soll und fragt um Rat. Da sich Große Verborgenheit um dieses Verlangen nicht schert, bleibt der Dialog stecken.

71 »Ich treibe ziellos herum«, wörtlich: »ich lasse mich wie auf dem Wasser treiben«, *fuyou* – wiederum das Verb *you*. »Ich sehe das, was nicht täuscht«, *guan wuwang*: das Verb *guan* bedeutet »schauen« im stärksten Sinne des Wortes, »Zeuge einer Vision zu sein«. Große Verborgenheit übt sich in der Form der Aktivität, in der das Bewusstsein stiller Zuschauer der unergründlichen inneren Aktivität des Körpers ist. Diese Aktivität ist *wuwang*, »das was nicht täuscht«, weil sie für uns der Grund der Wirklichkeit selbst ist.

72 Der General hat die Intentionslosigkeit noch nicht erreicht, die den Zugang zur Schau gewährt. Er bleibt noch der Intention verhaftet, das Gute zu tun, den Anderen zu helfen und sie führen zu wollen. Über die Ärgernisse, die diese Haltung unvermeidlich nach sich zieht, siehe *Études*, S. 29–31.

73 Zur Interpretation eines ähnlichen Textes siehe *ibid.*, S. 64–66.

74 »Bleibe in diesem Zustand der Verwirrung«, *hunhun dundun*. Zhuangzi verdoppelt die Silben *hun* und *dun*, um die nährende Verwirrung zu bezeichnen, mit der es gilt, in Kontakt zu bleiben ist. Der zweite

Satz führt zur Frage der Erkenntnis, wie sie im Gespräch von Große Reinheit, Ohne Ende und den Anderen dargelegt wurde, S. 71 f.

75 Kapitel 11 (11/d/44–57).

76 Siehe oben, S. 65 ff., 71, 92 ff.

77 Dialog zwischen Liezi, seinem Meister Huqiu und dem Schamanen Jixian, Kapitel 7 (7/e/15–31); siehe *Études*, S. 31–35.

78 *Liezi*, Kapitel 4 (4/g). Die beste mir bekannte Übersetzung ist die von A. C. Graham, *The Book of Lieh-tzû* (1960) (New York: Columbia University Press, 1990).

79 Ich habe diese Frage des Schauens und des Sehens in *Études*, S. 135–136, kurz beleuchtet.

80 Kapitel 7 (7/e/29–31).

81 Kapitel 14 (14/g/74–76, 80–82). Eine vollständige Übersetzung und Analyse dieses Dialogs findet sich in *Études*, S. 64–66. Wie am Ende des Dialogs auf S. 80 bezeichnet Konfuzius sich selbst, aus Bescheidenheit, mit seinem Vornahmen Qiu. Im letzten Satz (»Nun hast du es begriffen!«) redet ihn Laozi seinerseits mit diesem Vornamen an, um die neu entstandene, freundliche Nähe auszudrücken.

82 Zu dieser Herleitung von Descartes bis zu Freud siehe Michel Henry, *Génealogie de la psychoanalyse* (Paris: Presses Universitaires de France, 1985).

83 Wenn man die Definition des Körpers, die hier vorgeschlagen wird, genau nimmt, kann man nicht von *dem* Bewusstsein als einer gesonderten Realität sprechen, sondern nur von »bewusster Aktivität«, die zeitweise innerhalb der Gesamtheit unserer Aktivität in Erscheinung tritt.

84 Ich lasse hier einen Passus von 35 Zeichen aus, welcher ganz offensichtlich eine Interpolation ist.

85 Anspielung auf den Dialog auf S. 53.

86 Der Autor spielt mit den Worten. Dasselbe Schriftzeichen bedeutet je nachdem »Freude« (ausgesprochen *le*) oder »Musik« (ausgesprochen *yue*).

87 Kapitel 14 (14(c/13–30).

88 Im *Essai sur l'art chinois de l'écriture et ses fondements*, S. 330–332, habe ich ihn etwas eingehender kommentiert.

89 »… l'homme se *joue*, se prouve les évidences, se gonfle du plaisir de répéter ces preuves, et ne vit que comme cela!« Das Zitat stammt aus *Une Saison en enfer* (»L'impossible«).

90 *Traurige Tropen*, Frankfurt a. M.: Suhrkamp, 1978, S. 405.

91 *Han-Fei-tse ou le Tao du Prince*, présenté et traduit par Jean Levi (Paris: Le Seuil, 1999); Introduction, S. 15.

92 Eine solche Aneignung stammt aus jener Zeit, aber das Unverständnis ist schon älter. Siehe die diesbezüglichen Bemerkungen weiter unten, S. 140 und 142.

93 *Zhuang Zi. De innerlijke geschriften* (Amsterdam: Meulenhoff, 1997), S. 7.

94 Ich entlehne den Ausdruck »überkommenes Denken« (la »pensée héritée«) Cornelius Castoriadis. Dieser hat eine Kritik des westlichen »überkommenen Denkens« skizziert, deren Äquivalent eines Tages in China zu leisten wäre.

95 *Souvenirs d'égotisme* (Paris: Gallimard, Folio, 1983), S. 115.

96 *Oeuvres, op. cit.*, Bd. 2, S. 624.

97 *Op. cit.*, Bd. 4, S. 489–490. (Marcel Proust, *Auf der Suche nach der verlorenen Zeit*, Bd. 7, *Die wiedergefundene Zeit*, Frankfurt a. M., Suhrkamp, 1989, S. 486.)

98 In einem Essay über Mallarmé, in der Nummer vom 20. Mai 1999.

[99] Siehe dazu *Études*, S. 155–159.

[100] Französisch »passion«, etymologisch »Erleiden«, »Erlittenes«. Der Gegensatz von »aktiv« und »passiv« ist in unserem traditionellen Denken grundlegend, weil es in den Konjugationen unserer Verben angelegt ist.

[101] »Du Surréalisme dans ses œuvres vives« (1953), in *Manifestes du surrréalisme* (Paris: Gallimard, Folio, 1991), S. 170.

[102] *Le Temps du surréel* (Paris: Galilée, 1977), S. 177.

[103] *La Femme 100 têtes* (Paris: Edition de l'Œil, 1956). *Le Poème de la femme 100 têtes* (Paris: Jean Hugues, 1959). *Écritures* (Paris: Gallimard, Le Point du jour, 1970), S. 169 und 171. »Femme 100 têtes« ist gleichlautend mit »femme sans tête«. Vergleiche Augustinus, *Bekenntnisse* XI, XIV/17: »Was also ist die Zeit? Wenn niemand mich danach fragt, weiß ich es. Wenn jemand mich danach fragt und ich es ihm erklären will, weiß ich es nicht mehr.«

Verzeichnis der chinesischen Ausdrücke

17	shen	神
23	xin	心
26	zhi	知
29	gu	故
	xing	性
	ming	命
36	dao	道
45	quan	全
	qi shen quan ye	其神全也
46	tian	天
47	ren	人
48	wu yi gu mie ming	无以故灭命
53	jianbai	坚白
59	wang	忘
67	you	遊, 游
76	bei, bei	背, 北
	nanmian	南面
77	wangxiang	罔象
81	zuowang	坐忘
95	er, xin, qi	耳, 心, 气
	xinzhai	心斋
102	za hu huanghu zhi jian	杂乎恍惚之间
	huanghu	恍惚
	hundun	浑沌
	hutu	糊涂
	hulu	葫芦
102	Kunlun	崑崙
	hundun	馄饨
	qian/kun	乾/坤

	tian/di	天/地
	yin/yang	阴/阳
103	shuhu	倏忽
107	wu wu er bu wu yu wu	物物而不物于物
109	fuyou	浮游
	guan wuwang	观无忘
114	Huqiu	壶丘
123	le, yue	乐
132	daojia	道家
	xianren zhi dao	仙人之道
133	daojiao	道教

Inhalt

Vorbemerkung 5

Das Wirken in den Dingen 9

Die Formen der Aktivität 41

Eine Apologie der Verwirrung 79

Ein Paradigma der Subjektivität 113

Anmerkungen 147

Verzeichnis der chinesischen Ausdrücke 156

Zweite Auflage Berlin 2017

Göhrener Str. 7 | 10437 Berlin
info@matthes-seitz-berlin.de

Druck und Bindung: Art Druk, Szczecin
Umschlaggestaltung nach einer Idee von Pierre Faucheux
ISBN 978-3-88221-386-7
www.matthes-seitz-berlin.de